I0005307

MARKETING EN REDES SOCIALES 2025

"Consejos, ideas y estrategias clave para impulsar la participación y escalar su presencia digital"

por

RAYMOND CHASEY

Copyright © 2024 por Raymond Chasey

Reservados todos los derechos. Ninguna parte de esta publicación puede reproducirse, almacenarse o transmitirse de ninguna forma ni por ningún medio, electrónico, mecánico, fotocopia, grabación, escaneo o de otro tipo, sin el permiso por escrito del editor. Es ilegal copiar este libro, publicarlo en un sitio web o distribuirlo por cualquier otro medio sin permiso.

TABLA DE CONTENIDO

Introducción

En el dinámico mundo del marketing digital, las redes sociales han pasado de ser un concepto novedoso a convertirse en la piedra angular de la estrategia empresarial moderna. Durante la última década, hemos sido testigos de cambios sin precedentes en la forma en que las marcas interactúan con sus audiencias, impulsados por rápidos avances en tecnología, cambios en los comportamientos de los consumidores y el surgimiento de nuevas plataformas. La evolución del marketing en redes sociales refleja tendencias más amplias en la comunicación digital y la interacción del consumidor, lo que ilustra un panorama que la innovación remodela continuamente.

La evolución del marketing en redes sociales

El viaje del marketing en redes sociales comenzó con plataformas básicas como Facebook y Twitter, donde las marcas comenzaron a explorar el potencial de la interacción directa con los clientes. A medida que estas plataformas maduraron, también lo hicieron las estrategias empleadas por las empresas. El auge de Instagram introdujo la narración visual como una poderosa herramienta para generar participación, mientras que LinkedIn redefinió las redes profesionales. La llegada de TikTok y Snapchat trajo una nueva dimensión a la creación de contenido con videos cortos y realidad aumentada. El crecimiento de cada plataforma ha requerido una evolución correspondiente en las estrategias de marketing, lo que ha empujado a las marcas a adaptar y perfeccionar continuamente sus enfoques para seguir siendo relevantes.

A medida que avanzamos hacia 2025, el panorama está preparado para cambios aún más transformadores. Con los avances en inteligencia artificial, realidad aumentada y análisis de datos, el marketing en redes sociales será más personalizado, interactivo y basado en datos. Comprender estas tendencias es crucial para las empresas que buscan aprovechar las redes sociales de manera efectiva y mantener una ventaja competitiva.

Por qué es importante 2025

El año 2025 representa un hito importante en el panorama del marketing en redes sociales. Es un punto donde las tendencias actuales convergerán con las tecnologías emergentes para crear nuevas oportunidades y desafíos. Los especialistas en marketing deben anticipar estos cambios y adaptar sus estrategias para aprovechar el potencial de desarrollos futuros. Este período verá la integración de herramientas avanzadas de inteligencia artificial para la creación de contenido, análisis de datos más sofisticados para obtener información sobre la audiencia y un énfasis más profundo en experiencias inmersivas a través de la realidad virtual y aumentada.

Al centrarse en 2025, las empresas pueden prepararse de forma proactiva para estos cambios, asegurándose no sólo de seguir el ritmo de los cambios de la industria, sino también de establecer nuevos puntos de referencia para el éxito. Este enfoque con visión de futuro permitirá a las marcas interactuar efectivamente con sus audiencias de maneras innovadoras y escalar su presencia digital en un entorno cada vez más competitivo.

Cómo utilizar este libro

Este libro está diseñado para ser una guía completa para navegar por el cambiante mundo del marketing en redes sociales a medida que nos acercamos al 2025. Cada capítulo ofrece consejos prácticos, conocimientos prácticos y recomendaciones estratégicas para ayudarlo a mejorar su presencia en las redes sociales e impulsar la participación.

1. Comprender las tendencias de las redes sociales: obtenga información sobre las últimas tendencias y tecnologías que dan forma a la industria.

2. Construyendo una base sólida en las redes sociales: aprenda cómo establecer una base sólida para su estrategia de redes sociales.

3. Creación de una estrategia de redes sociales: descubra cómo desarrollar un plan estratégico adaptado a sus objetivos comerciales.

4. Estrategias de participación: explore técnicas para crear contenido atractivo y fomentar la participación de la comunidad.

5. Aprovechar las plataformas populares: profundice en los detalles de las principales plataformas y cómo optimizar su presencia en cada una.

6. Análisis y métricas de rendimiento: aprenda a medir y analizar el rendimiento de sus redes sociales de forma eficaz.

7. Publicidad y promoción: comprenda las mejores prácticas para ejecutar campañas pagas exitosas.

8. Creación y gestión de contenido: obtenga consejos sobre cómo crear y gestionar contenido que resuene con su audiencia.

9. Marketing de influencers: explora cómo colaborar con influencers para ampliar el alcance de tu marca.

10. Gestión de crisis y reputación: aprenda estrategias para gestionar la reputación de su marca en tiempos de crisis.

11. Prepare su estrategia para el futuro: prepárese para los próximos cambios y avances tecnológicos.

12. Tendencias de las redes sociales para 2025 y más allá:

Manténgase actualizado sobre las tendencias emergentes y las nuevas tecnologías que impulsan la innovación en las redes sociales. Ofrece información para mantener su estrategia relevante a medida que evoluciona el panorama.

13. Creación de una estrategia multiplataforma:

Cree campañas unificadas en diferentes plataformas y utilice las estrategias aquí para personalizar el contenido y, al mismo tiempo, garantizar una presencia digital coherente.

14. Involucrar a la Generación Z y al público más joven:

Comprenda e interactúe auténticamente con la Generación Z. Aplique estos conocimientos para crear contenido que resuene con sus preferencias y hábitos digitales.

15. Aprovechar el contenido generado por el usuario:

Incorpore contenido generado por el usuario (CGU) en su estrategia, aumentando el compromiso y la credibilidad al convertir a su audiencia en participantes activos.

16. Conclusión: recapitula las ideas clave y las recomendaciones finales para el éxito en las redes sociales.

Capítulo 1

Comprender las tendencias de las redes sociales

En el mundo en constante evolución de las redes sociales, mantenerse al tanto de las tendencias es esencial para mantener una ventaja competitiva. De cara al 2025, varias tendencias clave darán forma al panorama del marketing en redes sociales, impulsadas por plataformas emergentes, avances tecnológicos y cambios en los comportamientos de los usuarios. Este capítulo profundiza en estos aspectos y proporciona una descripción general completa de qué esperar y cómo prepararse.

Plataformas y tecnologías emergentes

Las plataformas de redes sociales están en continua evolución y los nuevos participantes a menudo alteran el status quo. A medida que nos acercamos al año 2025, se espera que varias plataformas y tecnologías emergentes ganen protagonismo:

1. Realidad Aumentada (AR) y Realidad Virtual (VR): AR y VR están transformando la forma en que los usuarios interactúan con el contenido. Plataformas como Snapchat e Instagram ya han integrado filtros AR, pero es probable que los desarrollos futuros impliquen experiencias más inmersivas. Las marcas pueden utilizar la realidad aumentada para pruebas virtuales y anuncios interactivos, mientras que la realidad virtual ofrece oportunidades para recorridos virtuales por tiendas y eventos en vivo.

2. Plataformas impulsadas por IA: La Inteligencia Artificial (IA) se está volviendo cada vez más integral en las redes sociales. Desde chatbots que se encargan del servicio al cliente hasta herramientas de inteligencia artificial que generan recomendaciones de contenido personalizadas, estas tecnologías mejoran las experiencias de los usuarios y agilizan los esfuerzos de marketing. La IA también está mejorando la moderación del contenido y la publicidad dirigida mediante el análisis de los datos del usuario para predecir y responder a las preferencias.

3. Redes sociales descentralizadas: ante la creciente preocupación por la privacidad de los

datos y el control de las plataformas, las redes sociales descentralizadas están surgiendo como alternativas a las plataformas tradicionales. Estas redes utilizan la tecnología blockchain para brindar a los usuarios más control sobre sus datos y contenido, lo que podría remodelar la forma en que se aborda el marketing en las redes sociales.

4. Comercio social: el comercio social, la integración del comercio electrónico con las plataformas de redes sociales, continúa creciendo. Plataformas como Instagram y Facebook están ampliando sus funciones de compra, permitiendo a los usuarios realizar compras directamente desde publicaciones e historias. Es probable que los avances futuros mejoren estas capacidades, haciendo del comercio social un componente central de las estrategias de marketing digital.

Cambios en el comportamiento del usuario

El comportamiento de los usuarios en las redes sociales está experimentando cambios significativos, impulsados por la evolución de las expectativas y los avances tecnológicos. Comprender estos cambios es crucial para diseñar estrategias de marketing efectivas:

1. Mayor demanda de autenticidad: los usuarios buscan cada vez más interacciones auténticas y transparentes con las marcas. Valoran el contenido genuino y se sienten atraídos por marcas que muestran historias reales y vislumbres detrás de escena. Este cambio hacia la autenticidad significa que las marcas deben centrarse en generar confianza y fomentar conexiones genuinas con su audiencia.

2. Aumento del contenido de vídeo de formato corto: El contenido de vídeo de formato corto, popularizado por plataformas como TikTok, se ha convertido en un formato dominante. Los usuarios interactúan más con videos atractivos y de tamaño reducido que son fáciles de consumir y compartir. Esta tendencia enfatiza la necesidad de que las marcas creen contenido de video visualmente atractivo, conciso e impactante.

3. Mayor compromiso con el contenido interactivo: el contenido interactivo, como encuestas, cuestionarios y transmisiones en vivo, está ganando terreno. Es más probable que los usuarios interactúen con contenido que invite a la participación y la interacción. Las marcas deben incorporar elementos interactivos en sus estrategias de redes sociales para impulsar la

participación y aumentar la participación de los usuarios.

4. Centrarse en la privacidad y la seguridad de los datos: con una creciente conciencia sobre los problemas de privacidad de los datos, los usuarios son más cautelosos sobre cómo se utiliza su información personal. Buscan plataformas que ofrezcan una mejor protección de datos y transparencia. Las marcas deben ser conscientes de estas preocupaciones y asegurarse de ser transparentes en cuanto a las prácticas de recopilación de datos y las medidas de seguridad.

Tendencias de seguridad y privacidad de datos

A medida que aumentan las preocupaciones sobre la privacidad y la seguridad de los datos, comprender las últimas tendencias en esta área es vital para mantener la confianza y el cumplimiento de los usuarios:

1. Regulaciones de protección de datos más estrictas: Los gobiernos de todo el mundo están implementando regulaciones de protección de datos más estrictas, como el Reglamento General de Protección de Datos (GDPR) en Europa y la Ley de Privacidad del Consumidor de California (CCPA)

en los Estados Unidos. Estas regulaciones exigen cómo se deben manejar los datos de los usuarios y les brindan a los usuarios más control sobre su información personal. Los especialistas en marketing deben mantenerse informados sobre estas regulaciones y garantizar que sus prácticas cumplan con los requisitos legales.

2. Mayor enfoque en la transparencia: los usuarios exigen una mayor transparencia de las marcas con respecto a cómo se recopilan, utilizan y comparten sus datos. Las marcas deben comunicar claramente sus prácticas de datos y brindar a los usuarios opciones para administrar su configuración de privacidad. Generar confianza a través de prácticas transparentes es esencial para mantener una reputación de marca positiva.

3. Medidas de seguridad mejoradas: con el aumento de las amenazas cibernéticas, es crucial implementar medidas de seguridad sólidas. Esto incluye el uso de cifrado para proteger los datos de los usuarios, la actualización periódica de los protocolos de seguridad y la educación de los usuarios sobre prácticas seguras. Garantizar que sus cuentas de redes sociales y plataformas de marketing sean seguras ayuda a proteger tanto su marca como su audiencia.

4. Uso ético de datos: las consideraciones éticas en torno al uso de datos son cada vez más prominentes. Las marcas deben equilibrar el aprovechamiento de los datos de los usuarios para realizar marketing personalizado con el respeto a la privacidad del usuario. Adoptar prácticas de datos éticas y ser transparente sobre el uso de datos ayuda a generar confianza y fomenta relaciones a largo plazo con los clientes.

Capítulo 2

Construyendo una base sólida para las redes sociales

Una base sólida es esencial para cualquier estrategia exitosa de marketing en redes sociales. En el competitivo panorama digital actual, las empresas deben asegurarse de que su presencia en las redes sociales no solo sea profesional sino también atractiva y refleje su identidad de marca.

Elaborar un perfil sólido

Su perfil de redes sociales sirve como la primera impresión que los seguidores y clientes potenciales obtienen de su marca. Es esencial asegurarse de que su perfil en todas las plataformas sea completo, profesional y coherente. Un perfil bien elaborado incluye los siguientes elementos:

1. Imagen de perfil e imagen de portada:
   - Estas son representaciones visuales de su marca y deben ser de alta calidad y estar alineadas

con la identidad de su marca. Por lo general, tu foto de perfil debe ser el logotipo de tu empresa o algo que sea fácilmente reconocible. Asegúrese de que sea coherente en todas las plataformas para reforzar el reconocimiento de la marca. Su imagen de portada, en plataformas que lo permitan (como Facebook, Twitter y LinkedIn), se puede utilizar de manera creativa para reflejar promociones y campañas actuales o la misión de su marca.

2. Biografía y descripción:
   - Tu biografía es un espacio conciso para decirle a la gente quién eres y qué representa tu negocio. Es crucial hacer que esta área sea atractiva y al mismo tiempo ser clara y directa. Incluya palabras clave relevantes que los seguidores o clientes potenciales puedan buscar. Esto no sólo ayuda a mejorar la visibilidad, sino que también garantiza que cualquiera que visite su perfil comprenda inmediatamente lo que ofrece. Además, incluya un llamado a la acción (CTA), como un enlace a su sitio web o una campaña específica.

3. Información de contacto y enlaces:
   - Facilite el contacto con su audiencia. Asegúrese de que su información de contacto, como correo electrónico, número de teléfono o dirección comercial, esté actualizada y visible. La mayoría de

las plataformas permiten espacio para un enlace en el que se puede hacer clic; aproveche esta oportunidad para dirigir el tráfico a su sitio web, páginas de destino o contenido promocional.

4. Uso coherente de identificadores y nombres de usuario:

- Siempre que sea posible, asegúrese de que su nombre de usuario o identificador sea el mismo en todas las plataformas. La coherencia en los identificadores fortalece la identidad de su marca y hace que sea más fácil para su audiencia encontrarlo e interactuar con usted.

Técnicas efectivas de marca

La marca en las redes sociales es más que simplemente usar su logotipo o publicar fotografías de productos. Se trata de cómo te percibe tu audiencia y de la experiencia que ofreces. Para crear una sólida presencia en las redes sociales, su marca debe ser auténtica, coherente y reflejar los valores de su empresa.

1. Estableciendo la voz de su marca:

- La voz de tu marca es el tono y el estilo que utilizas para comunicarte con tu audiencia. Ya sea que su marca sea divertida, profesional o autoritaria, esta voz debe permanecer constante en todas sus plataformas de redes sociales. Elija un tono que resuene con su público objetivo y manténgalo. La forma en que respondes a los comentarios, el tipo de contenido que publicas e incluso el lenguaje que usas en los subtítulos deben alinearse con esta voz.

2. Uso de colores y temas de marca:

- La marca visual es un elemento clave para una fuerte presencia en las redes sociales. Utilice los colores y temas de su marca de manera consistente en todas las plataformas para crear una apariencia unificada. Esto podría involucrar las combinaciones de colores de sus imágenes, las fuentes que usa en los gráficos o incluso los filtros aplicados a las fotografías. La marca visual consistente hace que su contenido sea reconocible instantáneamente en un feed abarrotado.

3. Narración:

- El storytelling es una de las formas más efectivas de humanizar tu marca. La gente se conecta con historias, no sólo con productos. Utilice sus publicaciones para compartir la historia de su marca, su equipo o sus clientes. Comparta contenido detrás de escena, hitos de la empresa e historias de éxito de clientes para construir una conexión más profunda con su audiencia.

4. Aprovechar el contenido generado por el usuario (CGU):
    - Anima a tu audiencia a compartir sus experiencias con tus productos o servicios. UGC no es solo un respaldo de su marca, sino que también sirve como contenido auténtico que genera confianza con los clientes potenciales. Volver a publicar contenido generado por el usuario en sus plataformas de redes sociales muestra la lealtad del cliente y crea un sentido de comunidad en torno a su marca.

Mejora de la calidad visual y del contenido

Con tanto contenido compitiendo por la atención, la calidad es clave. Imágenes de alta calidad y contenido bien escrito son lo que distinguen a las marcas en las redes sociales. No importa cuán convincente sea su mensaje, si está mal presentado, su audiencia puede pasarlo por alto.

1. Invertir en imágenes de alta calidad:
    - Las imágenes de alta calidad son cruciales para captar y mantener la atención. Ya sea que se trate de fotografías de productos profesionales,

infografías claras y atractivas o videos bien producidos, invertir en la calidad de sus imágenes vale la pena. En plataformas centradas en lo visual como Instagram, YouTube y Pinterest, las imágenes o videos de mala calidad pueden restar credibilidad a su marca.

2. Coherencia en la publicación:
    - La coherencia es clave para mantenerse en la mente. Desarrolle un calendario de contenido que describa cuándo y qué publicar. Publicar con regularidad garantiza que su audiencia permanezca comprometida y mantenga visible su marca. Sin embargo, la coherencia no se trata solo de tiempo, sino también de la calidad y el tipo de contenido. Esfuércese por equilibrar las publicaciones promocionales con contenido informativo o entretenido para mantener a su audiencia interesada sin abrumarla con anuncios.

3. Subtítulos y redacción atractivos:
    - Tus subtítulos y el texto que acompaña a tus publicaciones son tan importantes como las imágenes. Un texto atractivo no se trata solo de utilizar las palabras correctas, sino también de elaborarlas de una manera que resuene en su

audiencia. Concéntrese en ser claro, conciso y, cuando corresponda, conversacional. Adapte su tono y mensajes a la plataforma que esté utilizando. Por ejemplo, el contenido de LinkedIn debería ser más profesional, mientras que los subtítulos de Instagram pueden ser más informales y atractivos.

4. Utilizar herramientas de narración visual:
   - Las plataformas de redes sociales modernas ofrecen numerosas funciones para mejorar la narración visual. Por ejemplo, Instagram Stories and Reels, TikTok y YouTube Shorts te permiten crear atractivos videos cortos. Utilice funciones como encuestas, cuestionarios o pegatinas en las historias para aumentar la participación. Estas herramientas interactivas no sólo hacen que su contenido sea más dinámico, sino que también ofrecen información sobre las preferencias y comportamientos de su audiencia.

Capítulo 3

Crear una estrategia de redes sociales

Una estrategia de redes sociales bien estructurada es esencial para garantizar que su presencia en línea sea efectiva, sostenible y alineada con sus objetivos comerciales más amplios. Sin un plan claro, las empresas corren el riesgo de perder tiempo y recursos, publicar contenido inconsistente y perder oportunidades de participación y crecimiento. En este capítulo, exploraremos los componentes clave necesarios para crear una estrategia de redes sociales exitosa: establecer metas y objetivos claros, identificar su público objetivo y desarrollar un calendario de contenido integral.

Establecer metas y objetivos claros

Toda estrategia exitosa de redes sociales comienza con una comprensión clara de lo que se pretende lograr. Sin objetivos concretos, es difícil medir el éxito, hacer ajustes o demostrar el valor de sus esfuerzos. Sus objetivos deben ser específicos, mensurables, alcanzables, relevantes y con plazos determinados (SMART). A continuación, le indicamos cómo establecer objetivos claros para su estrategia de redes sociales:

1. Defina su propósito:

- Primero, comprende por qué estás usando las redes sociales. ¿Es para aumentar el conocimiento de la marca, impulsar el tráfico del sitio web, generar clientes potenciales o fomentar la participación de la comunidad? Cada objetivo requiere un enfoque diferente, por lo que tener claro su propósito principal garantiza que su estrategia esté alineada con las necesidades de su negocio. Por ejemplo, una marca que busca generar conciencia se centrará más en las métricas de alcance y visibilidad, mientras que una que busca impulsar las ventas priorizará las conversiones y la generación de leads.

2. Establezca métricas mensurables:

- Después de definir su propósito, necesita determinar cómo medirá el éxito. Las métricas comunes de las redes sociales incluyen el crecimiento de seguidores, las tasas de participación (me gusta, acciones, comentarios), el tráfico del sitio web, las tasas de conversión y el retorno de la inversión (ROI). Estas métricas deben alinearse con sus objetivos específicos. Por ejemplo, si su objetivo es aumentar el conocimiento de la marca, realice un seguimiento de métricas como impresiones, alcance y nuevos seguidores. Si desea aumentar las ventas, concéntrese en métricas como las tasas de clics (CTR) y las tasas de conversión de las plataformas de redes sociales.

3. Divida los objetivos grandes en hitos más pequeños:

- Las metas grandes a menudo pueden resultar abrumadoras, por lo que es esencial dividirlas en hitos más pequeños y manejables. Por ejemplo, si su objetivo es aumentar el tráfico del sitio web en un 25 % durante el próximo año, podría aspirar a un aumento del 6 % cada trimestre. Estos hitos más pequeños proporcionan puntos de referencia para ayudarle a realizar un seguimiento de su progreso y ajustar su estrategia según sea necesario.

4. Alinear las metas con los objetivos comerciales generales:

- Tus objetivos en las redes sociales deben estar directamente relacionados con los objetivos comerciales generales de tu empresa. Ya sea que esté lanzando un nuevo producto, expandiéndose a nuevos mercados o mejorando el servicio al cliente, asegúrese de que sus esfuerzos en las redes sociales respalden estas iniciativas más amplias. Esta alineación garantiza consistencia y coherencia en todas las áreas de su estrategia de marketing.

5. Evaluar y ajustar:
    - Las redes sociales son dinámicas y lo que funciona hoy puede no ser tan efectivo mañana. Evalúe periódicamente su progreso en comparación con los objetivos que ha establecido y prepárese para cambiar o ajustar su estrategia si es necesario. Las revisiones de desempeño mensuales o trimestrales son esenciales para garantizar que sus esfuerzos estén dando los resultados deseados.

Identificar su público objetivo

Una estrategia exitosa de redes sociales depende de comprender quién es su audiencia y cómo llegar a ella de manera efectiva. Al identificar a su público objetivo, puede crear contenido que resuene, interactúe de manera significativa y establezca relaciones más sólidas. He aquí cómo hacerlo:

1. Realizar una investigación de audiencia:

- Comience recopilando información demográfica sobre sus seguidores actuales y potenciales. Esto incluye edad, género, ubicación, ocupación, nivel educativo e ingresos. Herramientas como Facebook Insights, Instagram Analytics y Twitter Analytics pueden ayudarte a comprender quiénes son tus seguidores actuales. Google Analytics también proporciona datos valiosos sobre de dónde provienen los visitantes de su sitio web, qué plataformas sociales utilizan y sus intereses.

2. Cree personas de audiencia:
- Las personas de la audiencia son perfiles ficticios que representan diferentes segmentos de su público objetivo. Deben ser lo más detallados posible e incluir información sobre los objetivos, los puntos débiles, las preferencias y el comportamiento en línea de su audiencia. Por ejemplo, una persona para una marca de moda podría describir a una profesional de 25 años interesada en la moda asequible y sostenible que pasa la mayor parte de su tiempo en Instagram y Pinterest. Desarrollar estas personas ayuda a guiar la creación de contenido y los mensajes, asegurando que se dirige a la audiencia adecuada de la manera correcta.

3. Analizar las audiencias de la competencia:

 - Otra forma de identificar tu público objetivo es analizar las audiencias de tus competidores. Observe quién interactúa con su contenido, sigue sus páginas y comenta sus publicaciones. Esto puede brindarle información sobre segmentos de audiencia potenciales que quizás no haya considerado y puede resaltar las brechas en su propia estrategia.

4. Segmente su audiencia:

 - No todos los seguidores son iguales. Segmentar su audiencia le permite crear contenido personalizado para diferentes grupos según sus preferencias o comportamientos. Por ejemplo, es posible que tenga un segmento que prefiera contenido educativo extenso y otro que interactúe más con publicaciones breves y visuales. Segmentar su audiencia también le ayuda a ofrecer experiencias más personalizadas, lo que puede impulsar el compromiso y la lealtad a la marca.

5. Manténgase atento a los cambios de comportamiento:

 - El comportamiento de los usuarios de las redes sociales está en constante evolución. Manténgase actualizado sobre tendencias como preferencias de plataforma, hábitos de consumo de contenido y patrones de participación dentro de su público objetivo. Esto le permitirá modificar su estrategia para satisfacer sus necesidades y expectativas cambiantes.

Desarrollar un calendario de contenido

La coherencia es fundamental cuando se trata de redes sociales, y un calendario de contenido es una de las mejores herramientas para ayudarlo a mantener un cronograma de publicación regular y al mismo tiempo garantizar que su contenido se alinee con sus objetivos más amplios. Un calendario de contenido también te ayuda a planificar con anticipación, mantenerte organizado y equilibrar los tipos de contenido que compartes.

1. Planifique el contenido en torno a temas y objetivos clave:
   - Comience por determinar los temas principales en los que desea centrarse en función de sus objetivos en las redes sociales. Por ejemplo, si su objetivo es aumentar el conocimiento de la marca, puede incluir contenido educativo, publicaciones detrás de escena e historias de éxito de clientes. Si la generación de leads es tu objetivo, puedes priorizar el contenido que muestre los beneficios

del producto e incluya fuertes llamados a la acción. Planificar contenido en torno a estos temas ayuda a que sus mensajes sean coherentes y útiles.

2. Equilibre el contenido promocional y el contenido de valor:
    - Es esencial lograr un equilibrio entre promocionar tus productos o servicios y brindar valor a tu audiencia. Publicar contenido promocional constantemente puede alejar a los seguidores. En su lugar, utilice la regla 80/20: el 80 % de su contenido debe ser informativo, educativo o entretenido, mientras que el 20 % debe ser promocional. El contenido basado en valor puede incluir conocimientos de la industria, consejos y trucos, tutoriales o incluso contenido generado por el usuario.

3. Programe contenido en todas las plataformas:
    - Las diferentes plataformas de redes sociales tienen diferentes audiencias y formatos de contenido, por lo que es importante adaptar tus publicaciones en consecuencia. Si bien Instagram puede ser más adecuado para contenido visualmente atractivo, LinkedIn puede ser el lugar para el liderazgo intelectual y el conocimiento profesional. Su calendario de contenido debe

describir no solo lo que publicará, sino también en qué plataforma aparecerá cada contenido.

4. Calendario y frecuencia:

- Publicar en el momento adecuado es crucial para maximizar la participación. Cada plataforma tiene sus propios momentos pico en los que los usuarios están más activos. Investiga los mejores momentos para publicar en cada plataforma y ajusta tu calendario para reflejar estos patrones. Además, considere la frecuencia de publicación. Si bien Twitter puede requerir varias publicaciones por día para seguir siendo relevante, es posible que LinkedIn solo necesite unas pocas publicaciones de calidad cada semana.

5. Plan de eventos especiales y de temporada:

- Incorpora fechas y eventos clave en tu calendario de contenidos. Esto incluye días festivos, eventos de la industria, lanzamientos de productos o eventos específicos de redes sociales como el "Día Mundial de las Redes Sociales". El contenido de temporada resuena bien con el público y brinda una oportunidad para la participación creativa.

6. Monitorear y ajustar:

- Tu calendario de contenidos es un documento vivo. Mientras analiza el rendimiento de sus publicaciones, ajuste su calendario para reflejar lo que está funcionando. Si ciertos tipos de contenido generan más participación o conversiones, duplique esas áreas. Por el contrario, si ciertas publicaciones no resuenan, reevalúe y modifique su enfoque.

Capítulo 4

Estrategias de participación

El compromiso es el corazón de cualquier campaña exitosa de marketing en redes sociales. Sin interacciones significativas, incluso las publicaciones más bellamente diseñadas o los anuncios más atractivos pueden fracasar. El compromiso va más allá de los me gusta y de compartir: se trata de construir relaciones con su audiencia, crear conversaciones y fomentar una comunidad en torno a su marca. En este capítulo, exploraremos estrategias de participación clave para 2025: crear contenido atractivo, utilizar funciones interactivas, crear y fomentar comunidades y gestionar las interacciones y los comentarios de los clientes.

Crear contenido atractivo

En el abarrotado panorama de las redes sociales, el contenido es la moneda que impulsa la participación. No basta con publicar con regularidad; necesitas crear contenido que resuene con tu audiencia, genere conversación e inspire acción. Estos son los principios clave para crear contenido atractivo para las redes sociales:

1. Conozca las preferencias de su audiencia:
   - Comprender las preferencias de tu audiencia es crucial para crear contenido con el que interactúen. Utilice información valiosa sobre la audiencia para descubrir qué tipo de contenido funciona mejor para diferentes plataformas y datos demográficos. Por ejemplo, las audiencias más jóvenes en TikTok e Instagram pueden preferir contenido breve basado en videos, mientras que las audiencias de LinkedIn pueden interactuar más con artículos detallados y conocimientos de la industria. Adapte su contenido para que se ajuste a estas preferencias

mientras mantiene la voz y los objetivos de su marca.

2. Priorice la narración visual:
   - El contenido visual seguirá dominando las redes sociales en 2025. Las publicaciones con imágenes, videos, infografías o GIF de alta calidad tienden a generar más participación que las publicaciones basadas en texto. Cree contenido visualmente atractivo que cuente una historia o transmita su mensaje de una manera memorable. Por ejemplo, los videos detrás de escena, los testimonios de clientes y las infografías con estadísticas clave pueden aumentar significativamente la participación. Además, utilizar herramientas como Canva o Adobe Spark para crear gráficos profesionales puede mejorar tus publicaciones.

3. Aproveche el contenido generado por el usuario (CGU):
   - UGC es un poderoso impulsor de participación porque involucra a su audiencia directamente en su proceso de creación de contenido. Anima a tus seguidores a compartir sus experiencias con tu marca creando campañas que inviten a la participación, como concursos de fotografía,

reseñas o desafíos de hashtags. Volver a publicar UGC no solo crea contenido auténtico, sino que también genera un sentido de comunidad, ya que los usuarios se sienten más conectados con su marca cuando su contenido aparece.

4. Cuente historias:

- La narración evoca emociones y fomenta una conexión más profunda con tu audiencia. En lugar de promocionar únicamente productos o servicios, comparta historias sobre el recorrido de su marca, su equipo o los clientes que se benefician de sus productos. Las historias auténticas resuenan y ayudan a generar lealtad a la marca. Plataformas como Instagram Stories, TikTok y Facebook ofrecen herramientas creativas para contar historias breves, mientras que los blogs y los artículos de LinkedIn pueden ser eficaces para contenido narrativo más extenso.

5. Utilice fuertes llamados a la acción (CTA):

- Cada publicación debe tener un propósito claro y las CTA ayudan a guiar a tu audiencia hacia ese propósito. Ya sea pidiendo a sus seguidores que visiten su sitio web, comenten una publicación o compartan sus opiniones, las CTA fomentan la participación. Haga que sus CTA sean procesables y específicas, como "Comenta a continuación con tus pensamientos", "Etiqueta a un amigo que necesita ver esto" o "Haz clic en el enlace de nuestra biografía para obtener más información".

Utilizar funciones interactivas

Las funciones interactivas cambian las reglas del juego para impulsar el compromiso porque fomentan la interacción, la retroalimentación y la participación en tiempo real. Las plataformas de redes sociales introducen continuamente nuevas herramientas interactivas para mantener a los usuarios interesados. El uso de estas funciones le ayudará a crear una experiencia de redes sociales más dinámica y participativa.

1. Encuestas y cuestionarios:
   - Las encuestas y los cuestionarios son formas divertidas y de bajo compromiso de involucrar a tu audiencia. Plataformas como Instagram Stories, Twitter y LinkedIn le permiten hacer preguntas que invitan a recibir comentarios instantáneos de su audiencia. Las encuestas no sólo aumentan la participación, sino que también brindan información valiosa sobre las preferencias y opiniones de sus seguidores. Úselos para

preguntar sobre las características del producto, las tendencias de la industria o incluso temas alegres que coincidan con la personalidad de su marca.

2. Transmisión en vivo:
- La transmisión en vivo se ha convertido en una piedra angular de la participación en plataformas como Instagram, Facebook y YouTube. El video en vivo fomenta la interacción en tiempo real con su audiencia, creando una sensación de inmediatez y autenticidad. Utilice la transmisión en vivo para organizar sesiones de preguntas y respuestas, lanzamientos de productos, tutoriales o contenido detrás de escena. Anime a los espectadores a hacer preguntas durante la transmisión para mantener la conversación interactiva. Los vídeos en directo suelen recibir una mayor participación que el contenido pregrabado debido a su naturaleza espontánea y sin guión.

3. Pegatinas y widgets interactivos:
- Plataformas como Instagram Stories y TikTok ofrecen stickers y widgets interactivos que permiten a los usuarios interactuar directamente con su contenido. Por ejemplo, los cuadros de preguntas, los controles deslizantes de emoji y los

temporizadores de cuenta regresiva son herramientas excelentes para fomentar la participación. Estas características no sólo hacen que su contenido sea más atractivo, sino que también invitan a los usuarios a participar activamente en lugar de consumirlo pasivamente.

4. Concursos y Sorteos:

   - Los concursos y obsequios en las redes sociales son métodos comprobados para impulsar la participación y ampliar su alcance. Los concursos pueden variar desde simples obsequios de dar me gusta y compartir hasta desafíos más complejos, como envíos de fotografías o concursos de hashtags. Motivan a los usuarios a interactuar con su contenido y les ofrecen una recompensa tangible por hacerlo. Asegúrese de que las reglas sean simples y que el premio se ajuste a los intereses de su público objetivo.

Construyendo y fomentando comunidades

Las redes sociales no se tratan solo de transmitir su mensaje, sino de construir relaciones y fomentar un sentido de pertenencia entre su audiencia. Las comunidades sólidas crean seguidores leales que defienden su marca y ayudan a correr la voz. A continuación, le indicamos cómo construir y nutrir una comunidad en torno a su presencia en las redes sociales:

1. Fomente conversaciones genuinas:

- La construcción de una comunidad comienza con el fomento de conversaciones. Anime a su audiencia a participar haciendo preguntas, buscando opiniones o invitando a debates sobre temas relevantes. Cuando tus seguidores comenten tus publicaciones, tómate el tiempo para responder pensativamente. Reconocer e interactuar con su audiencia los hace sentir valorados y convierte sus canales de redes sociales en un espacio para el diálogo en lugar de una comunicación unidireccional.

2. Cree grupos privados o exclusivos:

- Plataformas como Facebook, LinkedIn y Reddit ofrecen la oportunidad de crear grupos o foros privados donde personas con ideas afines pueden conectarse. Considere iniciar un grupo que se alinee con la misión de su marca o su nicho industrial. Por ejemplo, una marca de fitness podría crear una "comunidad de vida saludable" donde los seguidores compartan consejos, experiencias y motivación. Estos grupos ofrecen un entorno íntimo para fomentar conexiones más profundas y facilitar debates más allá del contenido público.

3. Interactúe con personas influyentes y defensores:

- Los influencers y los defensores de la marca pueden ser fundamentales para construir tu comunidad en las redes sociales. Colabora con personas influyentes que se alineen con los valores de tu marca para llegar a una audiencia más amplia y aumentar la credibilidad. Asimismo, reconozca e interactúe con seguidores leales que interactúan frecuentemente con su marca. Presentarlos en sus publicaciones u ofrecerles beneficios exclusivos fortalece su conexión con su marca y fomenta la promoción continua.

4. Organice eventos virtuales:

- Organizar eventos virtuales, como seminarios web, talleres o paneles de discusión, es una excelente manera de involucrar a su comunidad a un nivel más profundo. Estos eventos brindan valor a su audiencia y al mismo tiempo les brindan una razón para reunirse y conectarse. Promocione el evento en sus plataformas sociales y anime a los asistentes a hacer preguntas o participar en tiempo real.

Gestión de interacciones y comentarios de los clientes

La forma en que maneja las interacciones con los clientes y los comentarios en las redes sociales puede afectar significativamente la reputación de su marca. Las redes sociales suelen ser el primer lugar al que acuden los clientes en busca de consultas, asistencia o incluso quejas. Gestionar eficazmente estas interacciones es clave para generar confianza y mantener una relación positiva con su audiencia.

1. Sea receptivo y oportuno:
    - Responder rápidamente a los comentarios, mensajes y reseñas es fundamental en el acelerado mundo digital actual. Los clientes esperan respuestas rápidas, especialmente cuando se comunican con preguntas o inquietudes. Configure notificaciones o utilice herramientas de administración de redes sociales para asegurarse de responder rápidamente. Una respuesta oportuna demuestra que te preocupas por tu audiencia y estás atento a sus necesidades.

2. Mantenga un tono constante:

- Al gestionar las interacciones con los clientes, es importante mantener un tono coherente que refleje la voz de su marca. Ya sea que responda a un elogio o aborde una queja, su tono debe ser profesional, empático y acorde con la identidad de su marca. Por ejemplo, una marca alegre y divertida puede infundir humor en las respuestas, pero si se aborda un problema grave, es esencial ser respetuoso y comprensivo.

3. Convierta los comentarios negativos en oportunidades:

- Los comentarios negativos en las redes sociales son inevitables, pero la forma en que los manejes puede marcar la diferencia. En lugar de ignorar o eliminar comentarios críticos, considérelos como oportunidades para mostrar transparencia y responsabilidad. Discúlpate si es necesario, ofrece soluciones y lleva la conversación a un mensaje privado si es necesario para resolver el problema. Responder a los comentarios negativos de manera constructiva puede demostrar que valora a sus clientes y está comprometido a mejorar.

4. Utilice los comentarios para mejorar su estrategia:

- Los comentarios de los clientes son una mina de oro para comprender qué funciona y qué no.

Preste atención a los temas recurrentes en los comentarios, mensajes y reseñas de su audiencia. Estos comentarios pueden ayudarlo a identificar áreas donde su producto o servicio puede mejorarse, brechas en su estrategia de contenido o nuevas oportunidades de participación. Revisar los comentarios con regularidad le permite estar atento a las necesidades de su audiencia y ajustar su estrategia de redes sociales en consecuencia.

5. Cree un calendario de comentarios:

 - Para gestionar los comentarios de forma eficaz, considere la posibilidad de crear un calendario de comentarios en el que realice un seguimiento y responda a las consultas, reseñas y comentarios de los clientes de forma sistemática. Reserve tiempo diaria o semanalmente para revisar todas las interacciones en las redes sociales, asegurándose de que ningún comentario quede sin respuesta. Un calendario de comentarios también le ayuda a identificar patrones en el comportamiento de los clientes y mejorar su estrategia general de participación.

Capítulo 5

Aprovechando las plataformas populares

A medida que las redes sociales continúan evolucionando, dominar las plataformas individuales es esencial para lograr el éxito en 2025. Cada plataforma tiene características, audiencias y estrategias de participación únicas que las empresas pueden aprovechar para aumentar la visibilidad, la participación y, en última instancia, impulsar el crecimiento. Este capítulo profundiza en cómo aprovechar el potencial de ocho de las plataformas de redes sociales más populares: Instagram, Facebook, TikTok, LinkedIn, Twitter, YouTube, Pinterest y Snapchat. Al comprender los matices de cada plataforma, podrá personalizar su contenido y sus campañas para maximizar el impacto y escalar su presencia digital.

Instagram: funciones de narración visual y compras

Instagram se ha consolidado como una de las principales plataformas para marcas que

46

dependen del atractivo visual. Con más de mil millones de usuarios activos, Instagram se nutre de imágenes impresionantes, narraciones convincentes y colaboraciones de personas influyentes. En 2025, Instagram no es sólo una plataforma para la expresión personal; es un centro para el descubrimiento de marcas, las compras y la participación de la comunidad.

1. Narración visual:

- La base del éxito de Instagram es su capacidad de transmitir historias poderosas a través de imágenes. Las marcas que destacan en Instagram utilizan imágenes, vídeos y reels de alta calidad para cautivar a su audiencia. Desde contenido detrás de escena hasta asociaciones con influencers, Instagram es ideal para mostrar la personalidad de tu marca y crear conexiones emocionales con tus seguidores. Una marca visual coherente, a través de una paleta de colores, una tipografía y un estilo coherentes, es esencial para crear una presencia reconocible y memorable.

2. Funciones de compra:

- Las herramientas de compras de Instagram han revolucionado el comercio electrónico en las redes sociales. En 2025, funciones como Instagram Shops, etiquetas de productos y la función

Checkout permitirán a los usuarios buscar y comprar productos sin salir de la aplicación. Esto crea una experiencia de compra fluida que reduce la fricción en el recorrido del cliente. Las marcas también pueden utilizar los filtros AR de Instagram para mejorar la experiencia de compra al permitir a los usuarios "probarse" productos como maquillaje o gafas de sol virtualmente. Estas características hacen de Instagram una plataforma privilegiada para las marcas que buscan impulsar las ventas y aumentar la lealtad a la marca.

3. Historias y carretes de Instagram:

- Las Historias y Reels de Instagram continúan dominando la plataforma y ofrecen contenido breve y atractivo que puede llegar tanto a sus seguidores como a nuevas audiencias a través de la página Explorar. Las historias brindan una mirada más informal y detrás de escena de su marca, mientras que los carretes, con su formato rápido que impulsa el algoritmo, son ideales para alcanzar el potencial viral. Incorporar estas características a su estrategia es esencial para seguir siendo competitivo en 2025.

Facebook: campañas publicitarias y participación grupal

Con casi tres mil millones de usuarios activos mensuales, Facebook sigue siendo un gigante en el panorama de las redes sociales. Si bien su audiencia puede haber envejecido un poco en comparación con plataformas como TikTok, las sólidas capacidades publicitarias y las herramientas de creación de comunidades de Facebook lo hacen indispensable para las empresas.

1. Campañas publicitarias:

   - La plataforma publicitaria de Facebook es una de las herramientas más sofisticadas y efectivas disponibles para los especialistas en marketing. Con opciones de orientación muy detalladas, las marcas pueden crear anuncios que lleguen a grupos demográficos, comportamientos e intereses específicos. Ya sea que esté promocionando un nuevo producto, generando clientes potenciales o impulsando el tráfico del sitio web, los anuncios de Facebook ofrecen una variedad de formatos, desde anuncios en carrusel y anuncios de video hasta formularios de generación de clientes potenciales. La capacidad de reorientar a los visitantes del sitio web y crear audiencias similares agrega una capa de precisión que hace que los anuncios de Facebook sean imprescindibles para las empresas que buscan optimizar su inversión publicitaria y maximizar el retorno de la inversión.

2. Compromiso grupal:

- Los grupos de Facebook se han vuelto cada vez más populares para fomentar comunidades en torno a intereses o causas compartidas. Las marcas pueden crear o participar en grupos para interactuar directamente con su audiencia, generando lealtad y brindando valor a través de contenido, debates y ofertas exclusivas. Los grupos ofrecen un ambiente más íntimo donde los seguidores sienten que pueden conectarse con su marca en un nivel más profundo, hacer preguntas, compartir comentarios e incluso defender su nombre.

3. Facebook en vivo:

- El video en vivo ha sido un factor clave de participación en Facebook y, en 2025, seguirá siendo una característica esencial para los especialistas en marketing. Organizar eventos en vivo, sesiones de preguntas y respuestas o lanzamientos de productos permite la interacción en tiempo real con su audiencia y ayuda a generar una sensación de urgencia y exclusividad.

TikTok: contenido breve y tendencias virales

El meteórico ascenso de TikTok ha hecho que sea imposible ignorarlo para las marcas que buscan llegar a un público más joven. Con más de mil millones de usuarios activos, principalmente la Generación Z y los Millennials, TikTok es la plataforma de referencia para contenido viral y videos de formato corto. En 2025, TikTok no es sólo un lugar de entretenimiento; es donde las marcas construyen relevancia cultural y autenticidad.

1. Contenido breve:
   - La fortaleza de TikTok radica en sus videos breves y atractivos que captan la atención en segundos. Las marcas que triunfan en TikTok abrazan la creatividad, el humor y la autenticidad. El algoritmo de la plataforma está diseñado para promover contenido basado en la participación en lugar del número de seguidores, lo que facilita que las nuevas marcas ganen exposición. Ya sea que participe en tendencias, cree contenido educativo o muestre productos, TikTok ofrece infinitas oportunidades para llegar a una audiencia masiva y comprometida.

2. Tendencias virales:

- Estar al tanto de las tendencias virales es esencial para tener éxito en TikTok. Las marcas pueden participar en desafíos de tendencia, utilizar sonidos populares o crear sus propios desafíos de marca para fomentar la participación de los usuarios. Debido a que TikTok está impulsado por un panorama de memes y tendencias en constante cambio, la flexibilidad y la voluntad de experimentar son claves. Esta plataforma premia a las marcas que pueden aprovechar el espíritu cultural actual manteniendo la autenticidad.

3. Asociaciones de influencers:

- Colaborar con personas influyentes de TikTok es una de las formas más efectivas de llegar a audiencias establecidas y aumentar la credibilidad de la marca. Los influencers pueden crear contenido atractivo que resuene entre sus seguidores, lo que permite que su marca llegue a nuevos clientes de una manera orgánica y auténtica.

LinkedIn: networking profesional y liderazgo intelectual

LinkedIn es la principal plataforma para marketing B2B, creación de redes y establecimiento de liderazgo intelectual. Con más de 800 millones de usuarios, LinkedIn es el lugar donde los profesionales se conectan, comparten conocimientos de la industria y construyen sus marcas personales y profesionales.

1. Establecimiento de contactos profesionales:
    - LinkedIn es la plataforma perfecta para establecer contactos con otros profesionales, líderes de la industria y clientes potenciales. Para las empresas, mantener una presencia activa en LinkedIn ayuda a establecer credibilidad y autoridad en su nicho. Puede unirse a grupos específicos de la industria, conectarse con personas influyentes y participar en debates que elevan el perfil de su marca.

2. Liderazgo intelectual:
    - Establecer su marca como líder intelectual en LinkedIn requiere compartir constantemente contenido valioso que eduque, informe o inspire a su audiencia. Publicar artículos, compartir informes de la industria y contribuir a conversaciones de actualidad son formas de construir una reputación como autoridad

confiable. El liderazgo intelectual en LinkedIn ayuda a posicionar su marca a la vanguardia de su industria, abriendo puertas a nuevas oportunidades y asociaciones.

3. Anuncios de LinkedIn:

- Los anuncios de LinkedIn ofrecen opciones de orientación ideales para especialistas en marketing B2B, incluida la orientación por puesto de trabajo, industria y tamaño de la empresa. El contenido patrocinado, los mensajes InMail y los anuncios dinámicos le permiten promocionar sus productos o servicios directamente ante los tomadores de decisiones.

Twitter: interacción y tendencias en tiempo real

Twitter es la plataforma para conversaciones en tiempo real, noticias de última hora y comentarios culturales. Las marcas que sobresalen en Twitter responden rápidamente, participan en conversaciones oportunas y contribuyen a los temas de actualidad.

1. Compromiso en tiempo real:

- El entorno vertiginoso de Twitter requiere que las marcas sean receptivas y ágiles. La participación en tiempo real en Twitter puede ayudar a las marcas a conectarse con sus seguidores, abordar consultas de servicio al cliente y participar en conversaciones a medida que se desarrollan. Las marcas que interactúan activamente con su audiencia en tiempo real crean una sensación de inmediatez y relevancia, lo cual es crucial para mantenerse en la mente.

2. Tendencias y Hashtags:

- Aprovechar los hashtags de tendencia es una de las formas más efectivas de aumentar la visibilidad en Twitter. Al participar en conversaciones de tendencias o crear sus propios hashtags de marca, puede interactuar con una audiencia más amplia y aumentar la exposición de su marca. El algoritmo de Twitter prioriza los temas de tendencia, por lo que alinear su contenido con lo que se está discutiendo actualmente puede ayudarlo a volverse viral.

3. Charlas de Twitter:

- Organizar o participar en chats de Twitter es una excelente manera de interactuar con su audiencia y compartir conocimientos. Los chats de Twitter permiten a las marcas facilitar debates sobre temas específicos de la industria, responder preguntas y establecer relaciones con clientes potenciales.

YouTube: marketing de vídeo y monetización de contenidos

YouTube sigue siendo la plataforma dominante para contenidos de vídeo de larga duración, con más de dos mil millones de usuarios activos mensuales. Ya sea que esté creando demostraciones de productos, videos educativos o contenido de entretenimiento, YouTube es esencial para el video marketing en 2025.

1. Vídeo marketing:
   - El vídeo sigue siendo una de las formas de contenido más atractivas y YouTube ofrece un alcance incomparable. Las marcas pueden utilizar YouTube para compartir demostraciones detalladas de productos, tutoriales, contenido detrás de escena o testimonios de clientes. La coherencia es clave para generar seguidores leales en YouTube, por lo que mantener un cronograma de publicación regular y optimizar videos para SEO es crucial para el éxito.

2. Monetización de contenidos:
   - YouTube ofrece varias opciones de monetización para marcas y creadores, incluidos ingresos por publicidad, contenido patrocinado y

membresías de canales. A medida que más consumidores recurren al contenido de vídeo para entretenimiento y educación, monetizar su presencia en YouTube puede ser una fuente de ingresos adicional.

Pinterest: descubrimiento visual y generación de tráfico

Pinterest es un motor de búsqueda visual que se destaca por dirigir tráfico a sitios web. Con más de 400 millones de usuarios activos mensuales, Pinterest es perfecto para marcas que dependen de productos o servicios visualmente atractivos, como moda, decoración del hogar o comida.

1. Descubrimiento visual:
   - Los usuarios de Pinterest buscan activamente inspiración e ideas, lo que la convierte en una plataforma ideal para marcas que desean mostrar contenido visualmente rico. Las imágenes e infografías de alta calidad que enlazan con su sitio web pueden generar un tráfico significativo. Las capacidades de SEO de Pinterest también la convierten en una herramienta eficaz para llegar a nuevas audiencias.

2. Conducir el tráfico:

- Cada pin en Pinterest actúa como un enlace a tu sitio web, lo que lo convierte en una excelente plataforma para aumentar el tráfico del sitio web. Al optimizar sus pines con palabras clave relevantes y crear tableros visualmente atractivos,

3. Organización de Contenidos a través de Tableros:
- Una de las fortalezas clave de Pinterest radica en su capacidad para ayudar a los usuarios a organizar su contenido visual. Las marcas pueden utilizar los tableros de Pinterest para crear colecciones seleccionadas en torno a temas, tendencias o categorías de productos específicos. Por ejemplo, una marca de moda puede tener tableros separados para colecciones de temporada, consejos de estilo y contenido detrás de escena. Los tableros bien organizados facilitan que los usuarios descubran su contenido, lo que aumenta la probabilidad de participación y tráfico a su sitio.

4. Pines que se pueden comprar:
- En los últimos años, Pinterest ha ampliado sus capacidades de comercio electrónico con pines que se pueden comprar. Estos permiten a los usuarios comprar productos directamente desde un pin, lo que reduce la fricción en el proceso de compra. En 2025, los pines que se pueden comprar serán más

prominentes que nunca, lo que convierte a Pinterest no solo en una plataforma de inspiración, sino también en una poderosa herramienta para convertir usuarios en clientes. Las marcas deben asegurarse de que las imágenes de sus productos sean claras, detalladas y atractivas, con un fuerte llamado a la acción para fomentar los clics y las conversiones.

5. Anuncios de Pinterest:
   - Pinterest también ofrece una variedad de opciones de publicidad paga para ampliar su alcance. Los pines promocionados, los anuncios de vídeo y los anuncios en carrusel pueden ayudar a que su contenido se destaque en el feed. Dada la naturaleza visual de la plataforma y su enfoque en el descubrimiento, los anuncios bien ejecutados pueden integrarse perfectamente en las búsquedas y el feed de los usuarios y, al mismo tiempo, generar resultados mensurables.

Snapchat: realidad aumentada y anuncios interactivos

Snapchat sigue siendo una plataforma popular entre el público más joven, particularmente la Generación Z, y se ha labrado su nicho a través de contenido atractivo y efímero. Conocido por su uso innovador de realidad aumentada (AR) y filtros, Snapchat es un campo de juego para marcas que buscan crear experiencias inmersivas e interactivas.

1. Funciones de Realidad Aumentada (AR):

- Una de las características definitorias de Snapchat son sus capacidades AR, que permiten a los usuarios superponer objetos virtuales al mundo real a través de las cámaras de sus teléfonos inteligentes. Las marcas han utilizado con éxito los lentes y filtros AR de Snapchat para crear experiencias inmersivas, como pruebas virtuales de productos de belleza y moda, juegos de marca y funciones interactivas que alientan a los usuarios a interactuar con su marca de manera creativa. En 2025, se espera que la RA en Snapchat se vuelva aún más sofisticada, ofreciendo infinitas posibilidades para que los especialistas en marketing creen contenido memorable y compartible.

2. Anuncios interactivos:

- Las ofertas publicitarias de Snapchat están diseñadas para atraer a los usuarios de manera divertida e interactiva. Ya sea a través de Snap Ads (anuncios de video verticales de pantalla completa), lentes patrocinados o campañas interactivas de Snapmap, las marcas tienen la oportunidad de integrar sus mensajes en las experiencias cotidianas de los usuarios de Snapchat. Estos anuncios suelen parecer menos intrusivos que los formatos tradicionales, lo que los hace más propensos a generar participación. Los anuncios interactivos también pueden incitar a los usuarios a realizar acciones específicas, como visitar su sitio web, descargar una aplicación o comprar un producto directamente desde el anuncio.

3. Contenido efímero:
- La característica principal de Snapchat (contenido efímero que desaparece después de 24 horas) fomenta una sensación de urgencia y exclusividad. Las marcas pueden aprovechar esto compartiendo ofertas por tiempo limitado, ventas flash o contenido detrás de escena que parezca más personal e íntimo. La naturaleza fugaz del contenido incita a los usuarios a actuar rápidamente, lo que puede ser un poderoso motivador para la participación y la conversión.

4. Descubrir y destacar Snapchat:

 - Las marcas también pueden atraer audiencias a través de Snapchat Discover y Spotlight, que presentan contenido seleccionado y videos generados por los usuarios. Discover permite a las marcas publicar contenido extenso, noticias y entretenimiento, mientras que Spotlight muestra contenido viral generado por los usuarios, similar al enfoque de TikTok. Ambas características brindan a las marcas formas adicionales de conectarse con los usuarios a través de narraciones y contenido creativo.

Capítulo 6

Métricas de análisis y rendimiento

En el mundo acelerado y en constante evolución del marketing en redes sociales, el éxito está determinado por su capacidad para rastrear, analizar y adaptarse. Simplemente crear contenido atractivo e interactuar con tu audiencia no es suficiente; Comprender cómo se están desempeñando sus esfuerzos es crucial para ampliar su presencia digital. Para ello, las empresas deben tener un conocimiento firme de los análisis y las métricas de rendimiento. En 2025, las estrategias basadas en datos serán más esenciales que nunca, y los especialistas en marketing aprovecharán los conocimientos para perfeccionar su enfoque, optimizar el compromiso e impulsar resultados tangibles.

Seguimiento de métricas clave

Comprender y realizar un seguimiento de las métricas correctas es la base de cualquier estrategia exitosa de redes sociales. Estas métricas brindan una imagen clara de qué tan bien se está desempeñando su contenido, cómo interactúa su audiencia con él y si se están cumpliendo sus objetivos. Al centrarse en indicadores clave de rendimiento (KPI) específicos, puede evaluar si sus esfuerzos de marketing en redes sociales están generando resultados y contribuyendo a sus objetivos comerciales más amplios.

1. Métricas de participación:

   - Las métricas de participación incluyen me gusta, comentarios, acciones compartidas e interacciones directas con su contenido. Estas métricas reflejan cómo responde su audiencia a sus publicaciones. Las altas tasas de participación generalmente indican que su contenido resuena con su audiencia y fomenta la interacción. Las métricas de participación son un indicador vital de qué tan bien se está conectando con su comunidad.

2. Alcance e impresiones:

   - El alcance se refiere a la cantidad de usuarios únicos que ven su contenido, mientras que las impresiones indican la cantidad total de veces que se muestra su contenido. El seguimiento de estas métricas le ayuda a comprender la visibilidad de su contenido y su difusión en una plataforma. Si su alcance crece de manera constante, es una señal positiva de que su marca está ampliando su audiencia y llegando a nuevos clientes potenciales.

3. Crecimiento de seguidores:

- Las métricas de crecimiento de seguidores te ayudan a medir la eficacia de tu presencia en las redes sociales para atraer nuevos usuarios. Esta métrica es especialmente importante cuando tu objetivo es ampliar tu audiencia. Si bien el número de seguidores por sí solo no es una medida definitiva del éxito, el crecimiento constante y orgánico sugiere que su contenido atrae a nuevos usuarios y los alienta a mantenerse comprometidos con su marca.

4. Tasa de clics (CTR):

- El CTR mide cuántos usuarios hicieron clic en un enlace en sus publicaciones en las redes sociales, ya sea que conduzca a su sitio web, la página de un producto o un blog. Esta métrica es fundamental para evaluar la eficacia de su contenido a la hora de dirigir el tráfico a otras plataformas y convertir la participación en las redes sociales en resultados procesables, como ventas o suscripciones.

5. Tasa de conversión:

- La tasa de conversión es el porcentaje de usuarios que realizan una acción deseada después de interactuar con su contenido, como realizar una compra, suscribirse a un boletín informativo o descargar un recurso. El seguimiento de esta métrica le ayuda a comprender qué tan bien sus campañas en las redes sociales se están traduciendo en resultados del mundo real que impactan los resultados de su negocio.

6. Costo por clic (CPC) y costo por adquisición (CPA):
- Para las empresas que ejecutan campañas pagas en las redes sociales, el CPC mide cuánto paga por cada clic en su anuncio, mientras que el CPA se refiere al costo de adquirir un nuevo cliente a través del marketing en las redes sociales. El seguimiento de estas métricas le permite optimizar su inversión publicitaria y asegurarse de obtener un retorno de la inversión (ROI) positivo para sus campañas pagas.

Analizar el compromiso y el crecimiento

El seguimiento de las métricas es sólo la mitad de la batalla. El verdadero poder del análisis de redes sociales proviene de su capacidad para interpretar los datos y utilizarlos para informar estrategias futuras. Al analizar las tendencias de participación y crecimiento a lo largo del tiempo, puede obtener información más profunda sobre lo que funciona y lo que no.

1. Identificación de tendencias de contenido:
   - Al examinar las métricas de participación en diferentes tipos de publicaciones (videos, fotos, historias, encuestas, etc.), puedes identificar patrones sobre qué tipo de contenido funciona mejor con tu audiencia. Por ejemplo, si las publicaciones de video reciben constantemente una mayor participación, puede ser una señal para centrarse más en el contenido de video en su estrategia. De manera similar, analizar los momentos de mayor participación puede ayudarlo a determinar el mejor momento para publicar para maximizar el alcance y la interacción.

2. Información sobre la audiencia:
   - El análisis de datos sobre los datos demográficos de su audiencia, como edad, género, ubicación e intereses, puede proporcionar información valiosa sobre quién es su audiencia y cómo adaptar mejor su contenido a sus preferencias. La mayoría de las plataformas de redes sociales ofrecen análisis de audiencia

detallados que le permiten segmentar a sus seguidores y comprender mejor su comportamiento.

3. Medición del crecimiento a lo largo del tiempo:

- El seguimiento del crecimiento, el alcance y la participación de sus seguidores a lo largo del tiempo le ayuda a detectar tendencias a largo plazo y medir la eficacia de su estrategia general. Al identificar períodos de crecimiento o declive, puede correlacionar estos cambios con campañas, publicaciones o cambios de estrategia específicos. Este análisis le ayuda a comprender qué impulsa el crecimiento y qué puede estar frenándolo.

4. Evaluación comparativa:

- Comparar su desempeño con los estándares de la industria o los competidores es otro paso importante en el análisis de sus esfuerzos en las redes sociales. Esto le permite comprender cómo se compara su marca con otras en su industria e identificar áreas en las que puede necesitar mejorar para seguir siendo competitivo.

Ajustar estrategias basadas en datos

El marketing basado en datos requiere un refinamiento y una adaptación continuos. Una vez que haya analizado sus métricas de desempeño, el siguiente paso es ajustar su estrategia para mejorar los resultados. El marketing en redes sociales no es estático y realizar cambios informados basados en análisis es clave para seguir siendo relevante y eficaz.

1. Optimización del contenido:
   - Si ciertos tipos de contenido constantemente tienen un rendimiento inferior, puede que sea el momento de reconsiderar su enfoque. Por ejemplo, si sus publicaciones con mucho texto no reciben mucha participación, puede experimentar con contenido más visual, como infografías, videos o publicaciones basadas en imágenes. De manera similar, ajustar el tono o los mensajes en función de los comentarios de la audiencia puede mejorar la participación.

2. Revisando el público objetivo:
   - Si sus análisis revelan que está atrayendo a una audiencia fuera de su grupo demográfico previsto, es posible que deba revisar sus estrategias de orientación. Adapte su contenido y anuncios para alinearse mejor con los intereses, valores y comportamientos de su audiencia deseada.

Alternativamente, si la nueva audiencia está demostrando estar más comprometida, considere ajustar su estrategia general de segmentación para atender a este grupo emergente.

3. Pruebas A/B:

   - Una de las formas más efectivas de ajustar tu estrategia es realizando pruebas A/B. Esto implica ejecutar dos versiones de una publicación, anuncio o campaña con pequeñas variaciones para ver cuál funciona mejor. Al probar diferentes elementos, como imágenes, titulares o botones de llamado a la acción, puedes determinar qué resuena mejor con tu audiencia y perfeccionar tu contenido en consecuencia.

4. Mejora de las campañas pagas:

   - Analizar el ROI de las campañas pagas le permite optimizar su inversión publicitaria y mejorar el rendimiento. Si ciertos anuncios ofrecen una tasa de conversión más alta a un costo menor, es posible que desee asignar más presupuesto a campañas similares. Por el contrario, si un anuncio no tiene un buen rendimiento, puede ajustar la orientación, los mensajes o las imágenes para mejorar los resultados.

Herramientas y plataformas para análisis

Existe una amplia gama de herramientas de análisis disponibles para ayudarlo a rastrear y medir el desempeño de sus redes sociales. Estas herramientas no sólo recopilan datos, sino que también brindan información que le permite tomar decisiones más informadas.

1. Análisis específicos de la plataforma:
   - La mayoría de las plataformas de redes sociales ofrecen paneles de análisis integrados que brindan información valiosa sobre el rendimiento de su cuenta. Por ejemplo:
   - Instagram Insights: ofrece datos detallados sobre alcance, impresiones, participación y datos demográficos de la audiencia.
   - Facebook Analytics: proporciona datos sobre el rendimiento de las publicaciones, el crecimiento de la página y el éxito de la campaña publicitaria.
   - Twitter Analytics: realiza un seguimiento de las impresiones de tweets, las interacciones, el crecimiento de seguidores y más.
   - LinkedIn Analytics: ofrece información sobre el rendimiento de las publicaciones, los datos demográficos de la audiencia y las tendencias de participación.

- YouTube Analytics: realiza un seguimiento de las visualizaciones de vídeos, el tiempo de visualización, las métricas de participación y los datos demográficos de la audiencia.

- Estas herramientas nativas son esenciales para realizar un seguimiento de su desempeño diario en cada plataforma.

2. Herramientas de análisis de terceros:

- Para obtener una visión más completa del rendimiento de sus redes sociales en múltiples plataformas, las herramientas de terceros pueden resultar increíblemente útiles. Estas herramientas proporcionan informes detallados y le permiten comparar datos en diferentes canales. Las herramientas populares de terceros incluyen:

- Hootsuite Analytics: ofrece informes detallados en varias plataformas de redes sociales, con información sobre la participación, el alcance y el crecimiento de seguidores.

- Sprout Social: proporciona informes analíticos detallados, herramientas de escucha social y desgloses demográficos de la audiencia.

- Google Analytics: si bien no es exclusivamente una herramienta de redes sociales, Google Analytics puede ayudar a rastrear el tráfico de las redes sociales a su sitio web y monitorear qué tan bien sus campañas sociales están generando conversiones.

- Análisis de búfer: se centra en proporcionar análisis de redes sociales simples y claros para ayudarlo a medir su desempeño y perfeccionar su estrategia.

Capítulo 7

Publicidad y Promoción

Mejores prácticas para campañas pagas

Ejecutar una campaña exitosa en redes sociales pagas requiere planificación y ejecución estratégicas. Con numerosas plataformas que ofrecen opciones de publicidad paga, es esencial comprender los matices de cada una y cómo adaptar su enfoque para maximizar los resultados. A continuación se presentan algunas prácticas recomendadas para ejecutar campañas pagas efectivas en plataformas populares:

1. Elija la plataforma adecuada:
   - Cada plataforma de redes sociales ofrece funciones publicitarias únicas que se adaptan a diferentes audiencias y objetivos de campaña. Por ejemplo:
      - Instagram y Facebook son ideales para anuncios visualmente atractivos, generar conciencia de marca y crear comunidades. Las funciones avanzadas de orientación de Facebook la

convierten en una plataforma versátil tanto para pequeñas como para grandes empresas.

- LinkedIn es particularmente eficaz para el marketing B2B y la creación de redes profesionales, con opciones de orientación basadas en el puesto de trabajo, la industria y el tamaño de la empresa.

- TikTok es mejor para las marcas que se dirigen a audiencias más jóvenes a través de contenido breve y entretenido.

- YouTube es óptimo para anuncios basados en vídeo, que pueden generar conciencia de marca y demostraciones de productos.

- Seleccione la plataforma que se alinee con su público objetivo y los objetivos de su campaña.

2. Defina objetivos claros:

- Antes de lanzar cualquier campaña paga, establece objetivos claros y medibles. Los objetivos comunes incluyen aumentar el conocimiento de la marca, impulsar el tráfico del sitio web, generar clientes potenciales o impulsar las conversiones. Estos objetivos guiarán la estructura de sus campañas publicitarias, incluido el tipo de anuncios que cree, su presupuesto y las métricas que realice un seguimiento.

3. Segmente su audiencia:

- La segmentación eficaz de la audiencia es clave para garantizar que sus anuncios lleguen a las personas adecuadas. Utilice las funciones de orientación de cada plataforma para segmentar su audiencia en función de datos demográficos (edad, género, ubicación), psicográficos (intereses, comportamientos, valores) e incluso comportamientos como interacciones previas con su marca. Esto ayudará a garantizar que sus anuncios resuenen entre la audiencia con más probabilidades de interactuar con su contenido.

4. Utilice pruebas A/B:
- Las pruebas A/B, o pruebas divididas, le permiten probar diferentes versiones de sus anuncios para determinar cuál funciona mejor. Puede probar varios elementos, como titulares, imágenes, textos o botones de llamado a la acción (CTA). Al analizar qué versión de su anuncio genera más clics, conversiones o participación, puede optimizar campañas futuras para maximizar el rendimiento.

5. Monitorear y optimizar:
- Una vez que su campaña esté activa, supervise continuamente su rendimiento. Analice métricas clave como la tasa de clics (CTR), la tasa de conversión y el costo por clic (CPC). Con base en

esta información, puede ajustar la configuración de su campaña (como la orientación, la asignación de presupuesto o las creatividades publicitarias) para mejorar los resultados y aumentar el ROI.

Asignación de presupuesto y retorno de la inversión

Uno de los componentes más críticos de una campaña paga exitosa es asignar su presupuesto de manera efectiva. Ya sea que sea una pequeña empresa con recursos limitados o una marca más grande con una inversión publicitaria sustancial, saber cómo distribuir su presupuesto entre plataformas y campañas es esencial para maximizar su ROI.

1. Establezca un presupuesto realista:
   - Empiece por determinar cuánto puede gastar en campañas pagas. Tenga en cuenta tanto su presupuesto general de marketing como sus objetivos específicos para cada campaña. Por ejemplo, las campañas de reconocimiento de marca pueden requerir una inversión mayor para llegar a una audiencia más amplia, mientras que

una campaña de generación de leads puede estar más dirigida y, por lo tanto, necesitar un presupuesto menor.

2. Asignar según el rendimiento de la plataforma:

- Las diferentes plataformas pueden ofrecer resultados diferentes según su público objetivo y su industria. Asigne una mayor parte de su presupuesto a plataformas que generen mayor participación y conversiones. Por ejemplo, si su público objetivo son principalmente profesionales, asigne una mayor parte de su presupuesto a los anuncios de LinkedIn, mientras que si se centra en consumidores más jóvenes, considere TikTok o Instagram.

3. Utilice la estrategia de oferta adecuada:

- Las plataformas de redes sociales suelen ofrecer varias estrategias de oferta, como costo por clic (CPC), costo por impresión (CPM) o costo por adquisición (CPA). Seleccione una estrategia de oferta que se alinee con los objetivos de su campaña. Por ejemplo, si está enfocado en generar tráfico a su sitio web, una estrategia de CPC puede ser más apropiada, mientras que una estrategia de CPM podría ser mejor para campañas de reconocimiento de marca.

4. Mida el ROI de forma constante:

- Para asegurarse de aprovechar al máximo su presupuesto, realice un seguimiento constante del retorno de la inversión (ROI) de su campaña. Utilice herramientas como Facebook Ads Manager o Google Analytics para medir cuántos ingresos generan sus anuncios en relación con el costo de ejecución de la campaña. Las métricas clave para realizar un seguimiento incluyen el costo por conversión, los ingresos totales generados y las ganancias generales de la campaña.

5. Reasignar el presupuesto según sea necesario:

- Durante la campaña, es posible que notes que ciertos anuncios o plataformas funcionan mejor que otros. En este caso, es fundamental ser flexible con su presupuesto. Cambie más recursos a campañas de alto rendimiento para maximizar el retorno de la inversión (ROI), mientras pausa o reduce el gasto en campañas de bajo rendimiento.

Técnicas de focalización y retargeting

Las plataformas de redes sociales ofrecen opciones de orientación muy avanzadas, lo que le permite llegar a segmentos específicos de su audiencia con precisión. La orientación eficaz garantiza que sus anuncios sean vistos por los usuarios con más probabilidades de interactuar con su marca y tomar medidas. Además de la orientación estándar, las técnicas de reorientación pueden ayudarle a llegar a los usuarios que ya han mostrado interés en su marca, lo que aumenta las probabilidades de que realicen una conversión.

1. Focalización demográfica y basada en intereses:
   - Plataformas como Facebook, Instagram y LinkedIn le permiten dirigirse a los usuarios en función de factores demográficos como edad, sexo, ubicación, educación y profesión. También puede dirigirse a los usuarios en función de sus intereses, pasatiempos y comportamientos. Por ejemplo, si vende productos de fitness, puede dirigirse a usuarios que hayan mostrado interés en contenido relacionado con el fitness y el bienestar.

2. Orientación conductual:
   - La orientación por comportamiento le permite llegar a los usuarios en función de sus acciones, como compras anteriores, uso de aplicaciones o interacciones con su sitio web. Al dirigirse a usuarios que ya han expresado interés en su marca, puede aumentar la probabilidad de conversión. Por ejemplo, dirigirse a los usuarios que visitaron la página de su producto pero no

completaron una compra puede ser una estrategia eficaz de retargeting.

3. Audiencias similares:

- Las audiencias similares son usuarios que comparten características con sus clientes existentes. Al crear audiencias similares, puede ampliar su alcance a usuarios que probablemente estén interesados en su marca en función de sus similitudes con su audiencia actual. La función de audiencia similar de Facebook es particularmente poderosa para encontrar nuevos clientes.

4. Campañas de reorientación:

- El retargeting es una técnica poderosa para volver a atraer a los usuarios que previamente han interactuado con su marca. Ya sea que visitaron su sitio web, agregaron un artículo a su carrito o interactuaron con su contenido de redes sociales, los anuncios de reorientación mantienen su marca en la mente y alientan a los usuarios a completar la acción deseada. Plataformas como Facebook y Google Ads ofrecen opciones de retargeting que le permiten ofrecer anuncios personalizados a usuarios que ya han mostrado interés en sus productos o servicios.

Elaboración de textos publicitarios eficaces y creativos

Incluso con las mejores estrategias de orientación y presupuesto, el éxito de su campaña depende en última instancia de la calidad del texto del anuncio y de los activos creativos. Su anuncio debe captar la atención, atraer a su audiencia y obligarla a actuar. La elaboración de textos publicitarios eficaces y el diseño de imágenes atractivas son esenciales para impulsar la participación y las conversiones.

1. Escriba un texto conciso y convincente:
   - En la publicidad en redes sociales, menos es más. El texto de su anuncio debe ser conciso, atractivo y centrado en un mensaje claro. Evite un lenguaje demasiado complejo y vaya directo al grano, destacando los beneficios clave de su producto o servicio. Utilice un lenguaje sólido y práctico que anime a los usuarios a dar el siguiente paso, ya sea hacer clic en un enlace, registrarse o realizar una compra.

2. Cree un fuerte llamado a la acción (CTA):
   - Tu CTA es uno de los elementos más importantes de tu anuncio. Debe ser claro y específico, indicando a los usuarios exactamente

qué acción desea que realicen. Ejemplos de CTA eficaces incluyen "Compre ahora", "Más información", "Regístrese hoy" o "Comience". Asegúrese de que su CTA se destaque visualmente y se alinee con el objetivo general de su campaña.

3. Céntrese en el atractivo visual:

- Las imágenes de alta calidad son esenciales para captar la atención en las redes sociales. Ya sea que uses imágenes, videos o animaciones, tu creatividad debe ser visualmente atractiva y relevante para tu marca. Utilice colores brillantes, diseños llamativos y tipografía llamativa para que sus anuncios se destaquen en feeds abarrotados. Para los anuncios de video, asegúrese de que los primeros segundos llamen la atención para evitar que los usuarios se desplacen.

4. Resalte los puntos de venta únicos (PVU):

- El texto y las imágenes de su anuncio deben comunicar claramente lo que diferencia a su producto o servicio de la competencia. Resalte sus puntos de venta únicos (PVU), como características exclusivas, descuentos especiales u ofertas por tiempo limitado. Mostrar estos elementos puede ayudar a diferenciar su marca y alentar a los usuarios a interactuar con su anuncio.

5. Aproveche el contenido generado por el usuario (CGU):

- El contenido generado por los usuarios, como reseñas de clientes, testimonios o fotografías enviadas por los usuarios, puede agregar autenticidad a sus anuncios. UGC ayuda a generar confianza con su audiencia al mostrar a clientes reales que utilizan y se benefician de su producto o servicio. La incorporación de UGC en la creatividad de su anuncio puede aumentar la participación e impulsar las conversiones.

Capítulo 8

Creación y gestión de contenidos

Desarrollar una estrategia de contenido

Una estrategia de contenido sólida es la base de un marketing de redes sociales eficaz. Garantiza coherencia, relevancia y alineación con sus objetivos de marketing más amplios. Al desarrollar una estrategia de contenido, primero debe considerar su audiencia, la voz de su marca y los objetivos generales.

1. Defina la voz de su marca:

   - La voz de tu marca debe ser coherente en todas las plataformas. Ya sea que su tono sea profesional, informal, humorístico o autoritario, debe reflejar la identidad y los valores de su marca. Definir la voz de su marca desde el principio garantiza que su contenido resuene en su público objetivo y genere reconocimiento de marca.

2. Comprenda las necesidades de su audiencia:

   - La investigación de la audiencia es crucial para crear contenido que atraiga y resuene con tus seguidores. Al analizar la demografía, el comportamiento y los intereses de los usuarios, puede adaptar su contenido para abordar sus puntos débiles, preferencias y deseos. Este enfoque aumenta la probabilidad de generar participación y conversiones.

3. Establezca objetivos de contenido:

- Los objetivos de contenido deben alinearse con sus objetivos de marketing más amplios. Los objetivos de contenido comunes incluyen aumentar el conocimiento de la marca, dirigir el tráfico a su sitio web, generar clientes potenciales o fomentar la participación de la comunidad. Estos objetivos guiarán los tipos de contenido que cree y las métricas que seguirá para medir el éxito.

4. Planifique la variedad:

- Diversifique su contenido para mantener a su audiencia interesada. Una estrategia de contenido completa incluye varios formatos, como publicaciones de blog, videos, infografías, transmisiones en vivo e historias. Cada formato tiene un propósito diferente y atrae a diferentes segmentos de su audiencia.

Tipos de contenido: desde publicaciones hasta historias

Las plataformas de redes sociales ofrecen una amplia gama de formatos de contenido, cada uno con fortalezas únicas para atraer audiencias. Comprender cómo aprovechar estos formatos le ayudará a maximizar el alcance y la eficacia.

1. Publicaciones:

- Las publicaciones tradicionales en las redes sociales (texto, imágenes o vídeos) son el núcleo de cualquier plataforma. Son ideales para compartir actualizaciones, promociones o información. Las publicaciones deben ser visualmente atractivas, concisas e incluir un llamado a la acción (CTA) claro para fomentar la participación.

2. Historias:

- Las historias son piezas de contenido breves y efímeras que desaparecen después de 24 horas. Plataformas como Instagram, Facebook y Snapchat presentan muchas historias. Este formato permite a las marcas compartir contenido más personal, detrás de escena, ventas flash o anuncios urgentes. Las historias pueden aumentar la urgencia y fomentar una sensación de exclusividad entre los seguidores.

3. Reels y TikToks:

- El contenido de vídeo de formato corto se ha disparado en popularidad, con Instagram Reels y TikTok liderando la tendencia. Estos vídeos breves son perfectos para contenido rápido y atractivo que entretenga o eduque. Su potencial viral los convierte en una herramienta valiosa para aumentar la visibilidad de la marca y llegar a nuevas audiencias.

4. Transmisiones en vivo:

- La transmisión en vivo ofrece interacción en tiempo real con su audiencia, lo que la convierte en una poderosa herramienta de participación. Las marcas pueden utilizar transmisiones en vivo para lanzamientos de productos, sesiones de preguntas y respuestas o contenido detrás de escena. Plataformas como Facebook, Instagram, YouTube y Twitch admiten la transmisión en vivo.

5. Publicaciones en carrusel:

- Los carruseles te permiten compartir varias imágenes o vídeos en una sola publicación, lo que los hace ideales para contar historias, realizar tutoriales o mostrar una gama de productos. Este formato anima a los usuarios a deslizarse e interactuar con varios contenidos a la vez.

6. Encuestas y cuestionarios:

   - El contenido interactivo, como encuestas y cuestionarios, atrae a su audiencia invitándola a participar. Estos son particularmente efectivos para recopilar comentarios, fomentar el debate o entretener a sus seguidores mientras promociona su marca.

7. Contenido generado por el usuario (CGU):

   - Animar a tu audiencia a crear contenido relacionado con tu marca puede mejorar la autenticidad y la confianza. UGC puede ser cualquier cosa, desde reseñas y testimonios de clientes hasta fotografías o videos de clientes que utilizan sus productos. Crea una comunidad y agrega un toque personal a su presencia en las redes sociales.

Herramientas y recursos de creación de contenido

Crear contenido de alta calidad de manera consistente puede llevar mucho tiempo, pero aprovechar las herramientas y recursos adecuados puede agilizar el proceso. Desde diseño gráfico hasta edición de vídeo, existen numerosas plataformas que pueden ayudarte a crear contenido profesional sin necesidad de habilidades técnicas avanzadas.

1. Canva:

- Canva es una herramienta de diseño fácil de usar, perfecta para crear gráficos, infografías y presentaciones para redes sociales. Con plantillas personalizables y una amplia gama de elementos de diseño, Canva facilita la producción de imágenes de aspecto profesional para todas las plataformas.

2. Adobe Spark y Photoshop:

- Adobe Spark es una versión simplificada de las herramientas de diseño profesional de Adobe, que le permite crear contenido rápido para redes sociales. Para una edición más avanzada, Adobe Photoshop sigue siendo el estándar de la industria para la edición y el diseño de imágenes de alta calidad.

3. Lúmenes5:

- Lumen5 es una plataforma de creación de vídeos que convierte publicaciones y artículos de blogs en vídeos atractivos. Utiliza IA para ayudarte a crear guiones gráficos, editar y crear vídeos adaptados a plataformas de redes sociales como YouTube y Facebook.

4. Búfer y Hootsuite:

- Estas son herramientas de administración de redes sociales que también ofrecen funciones de creación de contenido. Puede redactar publicaciones, encontrar contenido relevante y administrar múltiples cuentas de redes sociales desde un solo panel. Buffer y Hootsuite son excelentes para equipos que colaboran en estrategias de redes sociales.

5. Animoto:

- Para aquellos que se centran en contenido de vídeo, Animoto proporciona una plataforma fácil de usar para crear vídeos profesionales. Ofrece plantillas y material de archivo para simplificar el proceso de creación de videos, perfecto para marcas que buscan producir contenido de video consistente y de alta calidad.

6. BuzzSumo:

- BuzzSumo es una herramienta de análisis que te ayuda a descubrir temas de actualidad, encontrar personas influyentes y realizar un seguimiento del rendimiento de tu contenido. Es útil para identificar qué tipo de contenido resuena con su audiencia, lo que le permite adaptar su proceso de creación en consecuencia.

Programación y automatización

La coherencia es clave en el marketing de redes sociales y las herramientas de programación pueden ayudarlo a garantizar que mantenga un cronograma de publicaciones regular. Las plataformas de automatización le permiten planificar, publicar y monitorear su contenido, lo que le brinda más tiempo para concentrarse en la estrategia y el compromiso.

1. Por qué es importante la programación:
   - Publicar contenido de forma constante en el momento adecuado es esencial para maximizar la participación. Programar tus publicaciones garantiza que tu audiencia vea tu contenido cuando esté más activo, independientemente de tu propia disponibilidad.

2. Herramientas de programación:
   - Herramientas como Buffer, Hootsuite y Later le permiten programar publicaciones en múltiples plataformas con anticipación. Esto ayuda a

mantener la coherencia, especialmente si administra varias cuentas o trabaja con una audiencia global.

3. Herramientas de automatización:

- Las plataformas de automatización, como Zapier, pueden conectar sus canales de redes sociales con otras herramientas, lo que permite compartir contenido sin problemas. Por ejemplo, puede automatizar el intercambio de nuevas publicaciones de blog o lanzamientos de productos directamente en sus plataformas de redes sociales.

4. Calendario de contenidos:

- Un calendario de contenido te ayuda a visualizar tu cronograma de publicaciones, lo que garantiza que compartas constantemente contenido nuevo y relevante. También ayuda a mantener un equilibrio entre diferentes tipos de contenido, desde publicaciones promocionales hasta la participación de los usuarios.

5. Monitorear y ajustar:

- Aunque la automatización puede agilizar la gestión de contenido, es importante monitorear tus publicaciones y ajustarlas según el rendimiento. Las herramientas automatizadas a menudo vienen con funciones de análisis que rastrean la participación, lo que le permite modificar su estrategia en tiempo real.

Capítulo 9

Marketing de influencers

El marketing de influencers ha evolucionado desde una estrategia de nicho hasta una piedra angular del marketing en redes sociales.

En el panorama moderno de las redes sociales, el marketing de influencers ha demostrado ser una de las formas más efectivas para que las marcas lleguen auténticamente a su público objetivo. Al asociarse con personas que han cultivado una gran cantidad de seguidores y confianza dentro de comunidades de nicho, las marcas pueden ampliar su alcance y conectarse con los consumidores a nivel personal.

Comprender el poder del marketing de influencers

El marketing de influencers no es un concepto nuevo, pero su relevancia en 2025 sigue siendo más fuerte que nunca. Los consumidores se vuelven cada vez más escépticos con respecto a la publicidad tradicional y los influencers ofrecen una manera para que las marcas superen esta barrera aprovechando la confianza que estas personas han construido con sus seguidores. Los influencers dan la impresión de ser identificables y auténticos, lo que hace que sus recomendaciones de productos sean más creíbles que los anuncios directos de las marcas.

1. El auge de los microinfluencers:
   - Si bien los megainfluencers y las celebridades todavía tienen un papel que desempeñar, las marcas recurren cada vez más a los microinfluencers: personas con audiencias más pequeñas pero muy comprometidas en nichos de mercado. Los microinfluencers son vistos como más identificables y dignos de confianza, y sus seguidores suelen ser más leales e interesados en su contenido. Es posible que estos influencers no tengan millones de seguidores, pero sus audiencias tienden a estar más comprometidas, lo que convierte a los microinfluencers en una opción rentable para las marcas que buscan generar mayores tasas de participación.

2. Autenticidad frente a patrocinios:
   - En 2025, reina la autenticidad. Los consumidores identifican rápidamente respaldos no auténticos y las colaboraciones de influencers que parecen demasiado promocionales pueden

tener el efecto opuesto al deseado. Las marcas que se centran en construir asociaciones a largo plazo con personas influyentes, en lugar de patrocinios únicos, tienen más probabilidades de obtener resultados sostenidos. Las colaboraciones a largo plazo permiten a los influencers integrar una marca en su contenido habitual de forma más natural, aumentando la confianza y la credibilidad.

Seleccionar a los influencers adecuados

Elegir a los influencers adecuados es fundamental para el éxito de tu campaña. La opción adecuada va más allá del número de seguidores: se trata de alinearse con los valores de su marca, la capacidad del influencer para crear contenido atractivo y su conexión con su público objetivo.

1. Datos demográficos de la audiencia:
   - Al seleccionar personas influyentes, asegúrese de que los datos demográficos de su audiencia estén alineados con el mercado objetivo de su marca. Utilice herramientas de análisis para revisar los datos demográficos de los seguidores del influencer, incluida la edad, el sexo, la ubicación y los intereses. Esto garantiza que la asociación resonará en el grupo adecuado de

personas y transmitirá su mensaje a una audiencia relevante.

2. Estilo y tono del contenido:
   - Cada influencer tiene su propio estilo y tono de comunicación. Es importante colaborar con personas influyentes cuyo estilo de contenido se alinee con la voz y los mensajes de su marca. Ya sea que el influencer se incline hacia el humor, la educación o la inspiración, su contenido debe adaptarse naturalmente a su marca. Esta alineación garantiza que el respaldo del influencer se sienta genuino y mejora la percepción de su marca entre sus seguidores.

3. Tasas de participación:
   - El número de seguidores de un influencer es importante, pero las tasas de participación son una métrica más crítica. Un influencer con millones de seguidores puede no ser tan valioso como uno con una comunidad más pequeña y comprometida. Busque personas influyentes a cuyos seguidores les gusten, comenten y compartan constantemente sus publicaciones. Las altas tasas de participación indican que el influencer tiene una audiencia leal que valora sus opiniones, lo que aumentará el impacto de su campaña.

Construyendo relaciones auténticas con influencers

Una campaña de influencers exitosa depende de relaciones sólidas entre la marca y el influencer. Las relaciones auténticas dan como resultado respaldos más naturales y mejores resultados de campaña.

1. Campañas colaborativas:
    - En lugar de prescribir pautas estrictas para personas influyentes, bríndeles libertad creativa para incorporar su producto o servicio de una manera que resuene en su audiencia. Los influencers conocen mejor a sus seguidores y su contenido debe parecer una extensión natural de sus publicaciones habituales. Al colaborar con personas influyentes en ideas de campaña, obtendrá resultados más auténticos y contenido que se parece menos a un anuncio pago.

2. Asociaciones a Largo Plazo:
    - La creación de asociaciones a largo plazo con personas influyentes crea una sensación de continuidad y confianza. Cuando los seguidores

ven que un influencer respalda repetidamente una marca, se refuerza la credibilidad de la recomendación. Por el contrario, los patrocinios únicos pueden parecer transaccionales y menos confiables. Considere trabajar con personas influyentes en múltiples campañas o crear embajadores de marca que puedan defender su marca durante un período prolongado de tiempo.

3. Transparencia y Autenticidad:
   - En 2025, la transparencia será clave para mantener la confianza de los consumidores. Asegúrese de que todas las asociaciones cumplan con las regulaciones de divulgación y que las personas influyentes etiqueten claramente el contenido patrocinado. Los consumidores valoran mucho la autenticidad y la honestidad, y no revelar una asociación paga puede dañar tanto la reputación del influencer como la de la marca. La confianza debe ser la base de toda asociación de influencers.

Medir el ROI de las campañas de influencers

Como cualquier esfuerzo de marketing, es esencial medir el retorno de la inversión (ROI) de las campañas de influencers para evaluar su efectividad e informar estrategias futuras. El marketing de influencers puede generar una amplia gama de beneficios, desde un mayor conocimiento de la marca hasta ventas directas, pero el seguimiento de estos resultados requiere una planificación y análisis cuidadosos.

1. Indicadores clave de rendimiento (KPI):
   - Antes de lanzar una campaña, define los KPI que utilizarás para medir el éxito. Los KPI comunes para el marketing de influencers incluyen tasas de participación (me gusta, comentarios, acciones), alcance e impresiones, tráfico del sitio web y conversiones. Los KPI que elija deben alinearse con sus objetivos generales de marketing, ya sea impulsar las ventas, aumentar el conocimiento de la marca o generar compromiso.

2. Seguimiento de ventas y conversiones:
   - Una de las formas más directas de medir el ROI de una campaña de influencers es a través de ventas y conversiones. Proporcionar a personas influyentes códigos de descuento únicos o enlaces de afiliados le permite realizar un seguimiento exacto de cuántas ventas se obtuvieron de su

promoción. También puede utilizar parámetros UTM para realizar un seguimiento del tráfico del sitio web y las conversiones de las publicaciones del influencer. Estos datos le ayudan a determinar qué personas influyentes generan el mayor valor y pueden informar futuras colaboraciones.

3. Herramientas de escucha social:

- Las herramientas de escucha social pueden ayudarte a monitorear el impacto más amplio de tus campañas de influencers. Estas herramientas rastrean las menciones de su marca en las plataformas de redes sociales, brindando información sobre cómo se discute y percibe su marca después de una campaña de influencia. La escucha social puede ayudarle a evaluar el sentimiento general de su campaña, así como a identificar nuevas oportunidades de participación o posibles problemas que abordar.

4. Impacto a largo plazo:

- Si bien las métricas a corto plazo como el compromiso y las ventas son importantes, también es esencial considerar el impacto a largo plazo de las campañas de influencers. Crear conciencia de marca, confianza y lealtad del cliente son procesos continuos, y el verdadero valor del marketing de influencers puede tardar en materializarse. Monitorear el sentimiento de marca y el comportamiento del cliente a largo plazo puede proporcionar una imagen más completa del éxito de la campaña.

Capítulo 10

Gestión de crisis y reputación

En una era en la que las redes sociales son la plataforma principal para la interacción pública, la reputación de una marca puede verse significativamente afectada por la forma en que maneja las crisis. El panorama digital avanza rápidamente y las empresas deben estar preparadas para abordar cuestiones como la retroalimentación negativa, los desafíos de relaciones públicas y el posible daño a la reputación.

Manejo de comentarios negativos y problemas de relaciones públicas

Los comentarios negativos son inevitables, especialmente en la era digital donde los clientes tienen acceso directo a su marca a través de las redes sociales. La forma en que maneje las críticas y los problemas de relaciones públicas puede dañar su reputación o reforzar la confianza del cliente.

1. Responda rápida pero cuidadosamente:
- Uno de los aspectos más críticos de la gestión de crisis es la velocidad. En un mundo impulsado por las redes sociales, el silencio o una respuesta tardía pueden empeorar la situación, generando rumores y más reacciones violentas. Sin embargo, si bien las respuestas rápidas son necesarias, también deben ser reflexivas. Una respuesta apresurada y descuidada puede agravar el problema.

2. Reconozca el problema:
- Reconozca el problema antes de sumergirse en explicaciones o soluciones. Ya sea que se trate de un defecto del producto, una falla del servicio o información errónea, los clientes quieren sentirse escuchados. Al validar sus inquietudes, demuestra que su marca es responsable.

3. Mantenga la calma y sea profesional:
- Es fácil ponerse a la defensiva ante comentarios negativos, pero mantener un tono tranquilo y profesional es vital. Evita ataques o discusiones personales, ya que pueden dañar la imagen de tu marca. Sea empático, exprese arrepentimiento si

es necesario y ofrezca soluciones o próximos pasos.

4. Desconecta la conversación:

- En los casos en los que una respuesta pública pueda llevar a una mayor escalada, dirija la conversación fuera de línea. Invite a la persona a enviar mensajes privados a su marca, enviar un correo electrónico al servicio de atención al cliente o llamar a una línea de asistencia exclusiva. Esto reduce el escrutinio público y al mismo tiempo garantiza que el tema se aborde de manera personal y exhaustiva.

5. Convierta los comentarios negativos en una oportunidad:

- Si bien los comentarios negativos pueden parecer una crisis, también son una oportunidad para mejorar su producto, servicio o experiencia del cliente. Abordar las inquietudes de manera transparente y realizar mejoras basadas en las sugerencias de los clientes puede mejorar la confianza y la lealtad.

Estrategias para la gestión de la reputación

Más allá de gestionar las crisis, es esencial gestionar de forma proactiva la reputación de su marca en todas las plataformas. La gestión de la reputación consiste en ser consciente de lo que se dice sobre su marca y moldear activamente la percepción pública.

1. Supervisar las menciones de marca:

- Utilice herramientas de escucha social como Hootsuite, Brandwatch o Mention para realizar un seguimiento de lo que la gente dice sobre su marca en tiempo real. Monitorear las menciones de marca le permite identificar problemas potenciales de manera temprana y responder antes de que se conviertan en una crisis en toda regla.

2. Interactúe positivamente con su audiencia:

- Interactuar con tu audiencia regularmente ayuda a construir una reputación positiva. Responder a comentarios positivos, responder preguntas y reconocer los comentarios de los clientes crea una percepción favorable de su marca. También es más probable que los clientes comprometidos defiendan su marca en tiempos de crisis.

3. Generar confianza a través de la transparencia:

- La confianza es un elemento crucial en la gestión de la reputación. Ser transparente con su audiencia sobre los valores, las políticas y cualquier cambio de la empresa (como aumentos de precios o modificaciones de productos) genera credibilidad. En momentos de crisis, la transparencia también ayudará a mantener la confianza del cliente.

4. Discúlpate cuando sea necesario:
- Una disculpa sincera puede hacer maravillas con una reputación dañada. Si su marca ha cometido un error, reconózcalo y discúlpese. Los clientes suelen ser más indulgentes cuando ven que una marca asume toda la responsabilidad y hace las paces. Evite las disculpas vagas o poco sinceras, ya que pueden resultar contraproducentes.

5. Desarrollar un plan de comunicación de crisis:
- Cada marca debe contar con un plan de comunicación de crisis. Este plan debe describir quién es responsable de gestionar la crisis, los protocolos de respuesta en las redes sociales y la estrategia de mensajería. Tener un plan claro le permite responder con rapidez y coherencia en tiempos de problemas.

La gestión de crisis es una parte inevitable del recorrido de cualquier marca en las redes sociales. La clave del éxito radica en la preparación, la transparencia y un enfoque centrado en el cliente. Al manejar los comentarios negativos de manera efectiva, administrar de manera proactiva la reputación de su marca y aprender de crisis pasadas, no solo puede proteger su marca sino también fortalecer la relación que tiene con su audiencia.

Capítulo 11

Prepare su estrategia para el futuro

A medida que el panorama digital continúa evolucionando rápidamente, las empresas deben preparar sus estrategias de redes sociales para el futuro para seguir siendo competitivas y adaptables. Mantenerse a la vanguardia de los avances tecnológicos, prepararse para los cambios de algoritmos y comprender las tendencias a largo plazo son esenciales para garantizar la longevidad y relevancia de su presencia en las redes sociales. Este capítulo explora cómo prepararse para cambios futuros y asegurar un impacto duradero en el espacio de las redes sociales en constante cambio.

Adaptarse a los avances tecnológicos

El ritmo de la innovación tecnológica no muestra signos de desaceleración, y las marcas que prosperan son aquellas que pueden adoptar e integrar rápidamente estos cambios en sus estrategias de marketing. En 2025, varios avances tecnológicos tendrán un impacto significativo en el marketing de redes sociales, incluida la realidad aumentada (AR), la realidad virtual (VR), la inteligencia artificial (AI) y blockchain.

1. Adoptar la realidad virtual y aumentada:

- Plataformas como Snapchat e Instagram ya han integrado funciones de RA que permiten a los usuarios interactuar con las marcas de forma inmersiva, como pruebas virtuales o vistas de productos en 3D. A medida que la RA se vuelve más sofisticada, las marcas pueden utilizarla para ofrecer experiencias altamente personalizadas, transformando la forma en que interactúan con los clientes. De manera similar, la realidad virtual se está expandiendo a las redes sociales y ofrece oportunidades para eventos virtuales, narraciones inmersivas y experiencias de marca.

2. Utilización de IA para personalización y automatización:

- La IA seguirá desempeñando un papel importante en el marketing de redes sociales al permitir la hiperpersonalización del contenido y los anuncios. Los algoritmos de aprendizaje automático pueden analizar el comportamiento y las preferencias de los usuarios, lo que permite a las marcas ofrecer anuncios muy específicos y experiencias personalizadas. Los chatbots impulsados por IA, como los de Facebook Messenger y WhatsApp, seguirán mejorando el servicio al cliente proporcionando respuestas instantáneas y automatizadas adaptadas a las necesidades de los usuarios.

3. Explorando Blockchain para la transparencia:

- La tecnología Blockchain, aunque aún está surgiendo, tiene potencial para garantizar la transparencia y la responsabilidad en el marketing de las redes sociales. Blockchain puede mejorar la publicidad digital al prevenir el fraude, mejorar la orientación de los anuncios y ofrecer una propiedad clara de los datos, lo cual es cada vez más importante para mantener la confianza de los usuarios.

La adaptación temprana a estas tecnologías permitirá a las marcas crear estrategias de marketing innovadoras y atractivas que resuenen en audiencias conocedoras de la tecnología.

Preparación para cambios de algoritmo

Uno de los aspectos más desafiantes del marketing en redes sociales es navegar por las frecuentes actualizaciones de algoritmos que introducen plataformas como Instagram, Facebook y TikTok. Estos cambios pueden afectar drásticamente la visibilidad del contenido y las tasas de participación, lo que hace que sea esencial que las marcas sigan siendo ágiles y proactivas.

1. Comprensión de las prioridades de los algoritmos:

- Los algoritmos están diseñados para priorizar el contenido que fomenta la participación, ya sea a través de me gusta, acciones compartidas o comentarios. Mantenerse actualizado sobre los valores del algoritmo de cada plataforma, como el énfasis en el contenido de video, las interacciones en vivo o la participación auténtica, lo ayudará a optimizar su estrategia de contenido en consecuencia.

2. Diversificación de formatos de contenido:

- Los diferentes formatos de contenido funcionan mejor en varias plataformas dependiendo de sus algoritmos. Por ejemplo, el algoritmo de Instagram actualmente prioriza los carretes (videos cortos) debido a su alto potencial de participación, mientras que LinkedIn valora el contenido de formato largo, como los artículos. Al diversificar su contenido (mezclando videos, historias, publicaciones y transmisiones en vivo), se asegura de que su marca siga siendo relevante a través de múltiples cambios algorítmicos.

3. Coherencia y compromiso:
   - Una de las constantes en la mayoría de los algoritmos de las plataformas es el énfasis en la coherencia y la participación del usuario. Las marcas que publican regularmente y fomentan interacciones significativas (como comentarios o discusiones) tienden a obtener mejores resultados en las clasificaciones algorítmicas. Construir una comunidad leal y comprometida es clave para mantener la visibilidad incluso durante cambios importantes en los algoritmos.

4. Pruebas y aprendizaje:
   - La preparación para el futuro requiere experimentación continua. Pruebe periódicamente diferentes tipos de contenido y realice un seguimiento de cómo los cambios de algoritmo afectan la participación. Las marcas que son adaptables y están dispuestas a aprender de sus

resultados tienen más probabilidades de tener éxito a pesar de las actualizaciones impredecibles.

Tendencias a largo plazo a tener en cuenta

Comprender las tendencias a largo plazo que darán forma al futuro de las redes sociales es esencial para diseñar una estrategia duradera. Ya están surgiendo varias macrotendencias que influirán en el marketing de redes sociales en 2025 y más allá.

1. El auge de las plataformas de nicho:
    - Si bien gigantes como Instagram y TikTok siguen dominando, hay un cambio creciente hacia plataformas sociales de nicho que atienden a comunidades o intereses específicos. Por ejemplo, plataformas como Discord y Clubhouse han ganado popularidad entre grupos particulares que buscan interacciones más profundas y enfocadas. Las marcas pueden aprovechar esta tendencia identificando plataformas de nicho que se alineen con su público objetivo y construyendo una presencia en estos espacios.

2. Sostenibilidad y Responsabilidad Social:
    - Los consumidores, especialmente las generaciones más jóvenes, dan cada vez más

prioridad a las marcas que demuestran un compromiso con la sostenibilidad y la responsabilidad social. En 2025, las marcas que apoyen activamente causas como la protección ambiental, la diversidad y la justicia social ganarán el favor de los consumidores con conciencia social. La autenticidad será fundamental; Las marcas deben asegurarse de que sus iniciativas no sean sólo para mostrar sino que estén respaldadas por acciones significativas.

3. El cambio hacia el comercio dirigido por creadores:

 - A medida que el marketing de influencers siga creciendo, la línea entre los creadores de contenidos y el comercio electrónico se desdibujará. Las plataformas integran cada vez más funciones de compra, lo que permite a los creadores vender productos directamente a sus seguidores. Las marcas que colaboran con personas influyentes para desarrollar productos exclusivos o campañas de marca compartida prosperarán en este nuevo panorama comercial impulsado por los creadores.

4. Mayor énfasis en la privacidad y la seguridad de los datos:

- La privacidad de los datos ha sido una preocupación creciente tanto para los usuarios como para los reguladores, y esta tendencia solo se intensificará para 2025. Las plataformas de redes sociales probablemente enfrentarán regulaciones más estrictas en torno a la recopilación y el uso de datos, lo que conducirá a una mayor transparencia y control del usuario sobre la información personal. Las marcas que priorizan las prácticas éticas de datos y se comunican claramente con sus clientes sobre cómo se utilizan los datos generarán confianza y fomentarán la lealtad a largo plazo.

5. Mayor enfoque en la salud mental y el bienestar digital:

- El impacto de las redes sociales en la salud mental ha sido un tema de creciente preocupación, lo que ha llevado a las plataformas a introducir funciones como herramientas de gestión del tiempo y controles de moderación de contenidos. En el futuro, las marcas deberán ser conscientes del contenido que producen, asegurándose de que promueva interacciones positivas y respalde el bienestar general de su audiencia.

Marketing de redes sociales 2025

Capítulo 12

Tendencias de las redes sociales para 2025 y más allá

A medida que avanzamos hacia 2025 y más allá, el panorama de las redes sociales está preparado para una rápida evolución, moldeado por los avances tecnológicos, los cambios en los comportamientos de los consumidores y las tendencias emergentes. Las marcas que comprendan y se adapten a estos desarrollos obtendrán una ventaja competitiva significativa. Una de las tendencias más notables es el auge de la realidad aumentada (AR) y la realidad virtual (VR). Plataformas como Instagram y Snapchat ya han comenzado a integrar funciones de RA, lo que permite a los usuarios interactuar con las marcas a través de experiencias inmersivas. Para 2025, la realidad aumentada y la realidad virtual probablemente se generalizarán, lo que permitirá a las empresas crear contenido atractivo e interactivo que mejore la experiencia del usuario. Por ejemplo, las marcas pueden aprovechar la realidad aumentada para pruebas virtuales, lo que permite a los clientes visualizar productos en sus propios entornos antes de realizar una compra. De manera similar, la realidad virtual puede facilitar eventos y salas de exposición virtuales, brindando a los consumidores una forma más atractiva de explorar los productos.

Otra tendencia que se espera que siga ganando terreno es el predominio del contenido de vídeo de formato corto. La popularidad de plataformas como TikTok e Instagram Reels ha demostrado que los videos breves y atractivos captan eficazmente la atención e impulsan la participación. A medida que nos acercamos al 2025, las marcas deberán centrarse en producir videos cortos creativos y de alta calidad para conectarse con sus audiencias. Enfatizar la narración, la autenticidad y el entretenimiento será crucial, ya que el contenido rápido y visualmente atractivo que transmite mensajes de manera sucinta se vuelve esencial para captar el interés del consumidor.

La personalización y la personalización también desempeñarán un papel fundamental en el futuro del marketing en redes sociales. Los consumidores esperan cada vez más experiencias personalizadas en las plataformas de redes sociales y, para 2025, las marcas necesitarán aprovechar el análisis de datos y la inteligencia artificial (IA) para adaptar el contenido y los anuncios a las preferencias y comportamientos individuales de los usuarios. Las estrategias de marketing personalizadas pueden incluir recomendaciones de productos personalizadas, anuncios dirigidos según el comportamiento del usuario y mensajes personalizados. Las marcas que aprovechan eficazmente los datos para crear experiencias personalizadas no sólo cumplirán las expectativas de los consumidores, sino que también generarán mayores tasas de conversión.

Además, es probable que el creciente énfasis en la sostenibilidad y la responsabilidad social resuene más entre los consumidores en los próximos años. A medida que los clientes se vuelvan más conscientes de sus elecciones, las marcas que prioricen las prácticas éticas y demuestren un compromiso con las causas sociales tendrán una ventaja competitiva. Las redes sociales seguirán sirviendo como plataforma para que los consumidores expresen sus expectativas con respecto a la responsabilidad corporativa. Por lo tanto, las marcas deben compartir de manera proactiva sus iniciativas de sustentabilidad, apoyar causas sociales y entablar conversaciones transparentes con su audiencia. Al alinear sus mensajes con valores que son importantes para los consumidores, las marcas pueden mejorar su reputación y fomentar conexiones más profundas con sus audiencias.

Además de estas tendencias, no se puede pasar por alto el crecimiento del contenido impulsado por la comunidad. Las redes sociales están evolucionando hacia un espacio donde las comunidades prosperan y, para 2025, las marcas deberán cambiar su enfoque de simplemente transmitir mensajes a fomentar comunidades en torno a sus productos o servicios. Plataformas como Grupos de Facebook y Discord han demostrado el poder de la participación impulsada por la comunidad. Las marcas deben crear espacios donde los clientes puedan compartir experiencias, ofrecer comentarios y conectarse entre sí. El contenido generado por el usuario desempeñará un papel crucial en esta tendencia, ya que los clientes confían cada vez más en las recomendaciones de sus pares en lugar de en la publicidad tradicional. Interactuar con las comunidades y promover contenido generado por los usuarios mejorará la autenticidad y la lealtad de la marca.

Otro avance significativo es el auge de la búsqueda visual y por voz. Con la creciente prevalencia de dispositivos activados por voz y asistentes de inteligencia artificial, la búsqueda visual y por voz se está volviendo más común. Para 2025, las marcas deberán optimizar su contenido para la búsqueda por voz, centrándose en palabras clave y frases conversacionales. Además, la tecnología de búsqueda visual permite a los usuarios buscar productos utilizando imágenes, lo que hace que sea esencial que las marcas se aseguren de que sus imágenes estén optimizadas para esta tendencia emergente. Crear contenido visual atractivo que sea fácilmente detectable a través de la búsqueda visual será una estrategia clave para las marcas que buscan captar la atención en un panorama competitivo.

A medida que aumentan las preocupaciones sobre la privacidad de los datos, las plataformas de redes sociales están implementando medidas de protección de datos más estrictas. Para 2025, las marcas deberán priorizar la transparencia y la confianza con sus audiencias. Comunicar cómo se utilizan los datos de los clientes y garantizar el cumplimiento de las normas de privacidad será fundamental para generar y mantener la confianza de los consumidores. Las marcas también deberían considerar aprovechar plataformas centradas en la privacidad que prioricen la protección de los datos de los usuarios. Al ser proactivas respecto de las medidas de privacidad, las marcas pueden mejorar su reputación y fomentar la lealtad entre los consumidores preocupados por la privacidad.

Finalmente, se espera que la evolución de la integración del comercio electrónico dentro de las plataformas de redes sociales alcance nuevas alturas. Las redes sociales han desdibujado cada vez más la línea entre la participación social y el comercio electrónico, y en 2025 se prevé una integración más profunda de las funciones de compra. Plataformas como Instagram y TikTok ya permiten a las marcas vender productos directamente a través de sus aplicaciones, una tendencia que probablemente se expandirá. Las marcas deben optimizar sus perfiles de redes sociales para el comercio electrónico, utilizando funciones como publicaciones que se pueden comprar, eventos de compras en vivo y opciones de pago integradas. Crear experiencias de compra fluidas permitirá a las marcas impulsar las ventas directamente a través de las plataformas de redes sociales.

Capítulo 13

Construyendo una estrategia multiplataforma

En el panorama digital interconectado actual, una estrategia multiplataforma sólida es esencial para las marcas que buscan maximizar su alcance y participación. Dado que los consumidores participan activamente en múltiples plataformas de redes sociales, las empresas deben crear esfuerzos de marketing coherentes y coordinados que resuenen en diversos canales. Una estrategia multiplataforma exitosa permite a las marcas aprovechar las fortalezas únicas de cada plataforma y al mismo tiempo ofrecer un mensaje y una experiencia consistentes.

Para comenzar a construir una estrategia multiplataforma, las marcas primero deben definir sus metas y objetivos. ¿Qué pretenden lograr a través de sus esfuerzos de marketing en redes sociales? Ya sea aumentar el conocimiento de la marca, impulsar el tráfico del sitio web o generar clientes potenciales, tener objetivos claros guiará la creación de contenido y la selección de la plataforma. Una vez establecidos los objetivos, las marcas pueden identificar las plataformas más adecuadas en función de su público objetivo y la naturaleza de sus productos o servicios. Por ejemplo, plataformas visuales como Instagram y Pinterest son ideales para marcas con contenido visual sólido, mientras que LinkedIn puede ser más adecuado para empresas B2B centradas en redes profesionales.

Comprender las características distintivas de cada plataforma es crucial para adaptar el contenido de manera efectiva. Cada plataforma de redes sociales tiene su propia audiencia, estilo de participación y formato de contenido. Por ejemplo, Instagram se nutre de imágenes visualmente atractivas y vídeos cortos, mientras que Twitter favorece los mensajes concisos y la interacción en tiempo real. Al personalizar el contenido para alinearlo con los matices de cada plataforma, las marcas pueden mejorar la participación del usuario y crear una experiencia más personalizada para sus audiencias.

La reutilización de contenido es una técnica valiosa que permite a las marcas mantener la coherencia en todas las plataformas mientras maximiza la eficiencia. Las marcas pueden crear un contenido central, como una publicación de blog o un video, y adaptarlo para varias plataformas. Por ejemplo, una publicación de blog de formato largo se puede resumir en publicaciones breves para Twitter, transformarse en infografías para Pinterest o usarse como base para una serie de historias de Instagram. Este enfoque no sólo ahorra tiempo y recursos, sino que también garantiza que los mensajes sigan siendo coherentes, reforzando la identidad de la marca en los diferentes canales.

Además, integrar la publicidad en las redes sociales en una estrategia multiplataforma puede amplificar el alcance y la participación. Cada plataforma ofrece capacidades publicitarias únicas, lo que permite a las marcas dirigirse a intereses y grupos demográficos específicos. Al ejecutar campañas publicitarias coordinadas en múltiples plataformas, las marcas pueden reforzar sus mensajes y aumentar la visibilidad. Por ejemplo, una marca puede publicar un anuncio de video en Facebook, un anuncio en carrusel en Instagram que muestre múltiples productos y un tweet patrocinado en Twitter para llegar al público en varios puntos de contacto. Este enfoque multicanal maximiza las posibilidades de captar la atención del consumidor e impulsar las conversiones.

Otro aspecto clave de una estrategia multiplataforma exitosa es el seguimiento y análisis de las métricas de rendimiento. Las marcas deben monitorear la participación, el alcance y las tasas de conversión en diferentes plataformas para comprender qué funciona mejor para su audiencia. Al analizar datos, las marcas pueden identificar tendencias, perfeccionar sus estrategias de contenido y asignar recursos de manera más efectiva. Herramientas como Google Analytics, Hootsuite y Sprout Social brindan información valiosa sobre el rendimiento multiplataforma, lo que permite a las marcas tomar decisiones informadas basadas en información basada en datos.

La participación de la comunidad juega un papel vital en una estrategia multiplataforma. Las marcas deben fomentar las interacciones con sus audiencias a través de varios canales, fomentando conversaciones y comentarios. La interacción con los seguidores no sólo genera lealtad a la marca, sino que también proporciona información sobre las preferencias y expectativas de los clientes. Responder a los comentarios, participar en debates y compartir contenido generado por los usuarios puede ayudar a crear un sentido de comunidad, mejorar la afinidad con la marca y alentar a los clientes a defenderla.

A medida que las marcas construyen sus estrategias multiplataforma, deben seguir adaptándose a las tendencias y tecnologías en evolución. Las redes sociales cambian constantemente y periódicamente surgen nuevas funciones y plataformas. Mantenerse al tanto de los desarrollos de la industria permite a las marcas aprovechar nuevas oportunidades y seguir siendo relevantes en un panorama competitivo. Evaluar periódicamente la efectividad de sus estrategias y realizar los ajustes necesarios garantizará que las marcas continúen satisfaciendo las necesidades de su audiencia.

Capítulo 14

Atraer a la Generación Z y al público más joven

A medida que las redes sociales continúan evolucionando, comprender cómo involucrar efectivamente a la Generación Z y a las audiencias más jóvenes se ha vuelto crucial para las marcas que buscan prosperar en el panorama digital. Nacida entre mediados de los 90 y principios de los 2010, la Generación Z es la primera generación que crece con los teléfonos inteligentes y las redes sociales como partes integrales de su vida diaria. Este grupo demográfico exhibe preferencias y comportamientos únicos que los especialistas en marketing deben reconocer para crear estrategias de marketing relevantes e impactantes.

Una característica clave de la Generación Z es su demanda de autenticidad. A diferencia de las generaciones anteriores, esta cohorte valora el contenido genuino que refleja experiencias y emociones reales. Las marcas que recurren a tácticas de marketing no auténticas o campañas publicitarias demasiado refinadas a menudo corren el riesgo de alienar a esta audiencia. Para conectarse con la Generación Z, las empresas deben priorizar la transparencia y la honestidad en sus mensajes. El contenido generado por el usuario, los vistazos detrás de escena y las historias identificables resuenan con más fuerza entre las audiencias más jóvenes, fomentando un sentido de confianza y conexión.

Las plataformas de redes sociales desempeñan un papel fundamental en la forma en que la Generación Z consume contenido. Si bien plataformas como Facebook y Twitter siguen siendo populares, la Generación Z gravita predominantemente hacia plataformas visuales e interactivas como TikTok, Snapchat e Instagram. Para captar su atención, las marcas deben invertir en contenido visualmente atractivo, aprovechando videos cortos, gráficos llamativos y funciones interactivas. Por ejemplo, el énfasis de TikTok en contenido creativo y entretenido ofrece a las marcas una oportunidad única de involucrar a los usuarios a través de desafíos, tendencias y humor identificable. Las marcas que adoptan las peculiaridades y tendencias de estas plataformas pueden conectarse mejor con audiencias más jóvenes.

El compromiso no se trata únicamente de transmitir mensajes; también implica la participación activa en las conversaciones. La Generación Z espera que las marcas escuchen y respondan a sus comentarios, opiniones y consultas. Las redes sociales permiten la interacción en tiempo real, lo que permite a las marcas interactuar directamente con su audiencia. Responder a los comentarios, reconocer el contenido generado por los usuarios y participar en debates sobre tendencias no solo mejora la participación sino que también cultiva un sentido de comunidad. Marcas como Nike y Wendy's han aprovechado con éxito este enfoque interactuando activamente con sus seguidores en las redes sociales, demostrando capacidad de respuesta y fomentando la lealtad a la marca.

Otro aspecto importante para atraer al público más joven es el énfasis en las cuestiones sociales y los valores de la marca. La Generación Z es conocida por su firme postura sobre la justicia social, la sostenibilidad y la inclusión. Las marcas que se alinean con estos valores y participan activamente en conversaciones relevantes tienen más probabilidades de resonar en este grupo demográfico. Por ejemplo, marcas como Patagonia y Ben & Jerry's han integrado con éxito la responsabilidad social en sus esfuerzos de marketing, mostrando su compromiso con la sostenibilidad y las causas sociales. Al adoptar una postura sobre cuestiones importantes, las marcas pueden forjar conexiones más profundas con la Generación Z, que prioriza las elecciones basadas en valores.

Además, la gamificación se ha convertido en una estrategia poderosa para atraer a audiencias más jóvenes. La incorporación de elementos del diseño de juegos en las campañas de marketing puede crear experiencias interactivas y agradables. Los cuestionarios, desafíos y concursos pueden atraer a los consumidores más jóvenes a participar e interactuar con la marca. Por ejemplo, marcas como Starbucks han utilizado la gamificación a través de sus programas de fidelización, alentando a los clientes a obtener recompensas mediante la participación. Al hacer que el compromiso sea divertido y gratificante, las marcas pueden fomentar la lealtad y crear un sentido de pertenencia entre los consumidores de la Generación Z.

El marketing de influencers sigue siendo una herramienta vital para llegar a audiencias más jóvenes. Colaborar con personas influyentes que se alinean con los valores de la marca y resuenan con la Generación Z puede mejorar la credibilidad y la visibilidad. Sin embargo, es esencial que las marcas elijan personas influyentes cuyas audiencias reflejen el mercado objetivo de la marca. Las asociaciones auténticas y la comunicación transparente con personas influyentes pueden generar resultados impactantes. Por ejemplo, las marcas de belleza que colaboran con microinfluencers a menudo obtienen tasas de participación más altas debido a su percepción de autenticidad y relación.

A medida que las marcas interactúan con la Generación Z, es fundamental reconocer la importancia de la optimización móvil. Dado que el público más joven accede principalmente a las redes sociales a través de sus teléfonos inteligentes, las marcas deben asegurarse de que su contenido sea compatible con dispositivos móviles. Esto incluye optimizar los sitios web, garantizar tiempos de carga rápidos y utilizar formatos de video verticales que se adapten a las preferencias de visualización de dispositivos móviles. Una experiencia móvil fluida mejora el compromiso y reduce las barreras a la interacción, permitiendo a las marcas conectarse de manera efectiva con audiencias más jóvenes.

Capítulo 15

Aprovechar el contenido generado por el usuario

El contenido generado por el usuario (CGU) se ha convertido en una poderosa herramienta en el marketing de redes sociales, que permite a las marcas aprovechar la creatividad y el entusiasmo de sus clientes. UGC se refiere a cualquier contenido creado por usuarios o consumidores que muestre una marca, producto o servicio, y puede adoptar diversas formas, incluidas fotos, videos, reseñas y publicaciones en redes sociales. Al aprovechar el UGC, las marcas pueden fomentar la comunidad, mejorar la autenticidad y, en última instancia, impulsar el compromiso y las conversiones.

Una de las razones más convincentes para aprovechar el UGC es su autenticidad inherente. Los consumidores son cada vez más escépticos con respecto a las tácticas tradicionales de publicidad y marketing y, a menudo, prefieren contenido que parezca genuino y con el que se pueda identificarse. UGC ofrece una alternativa refrescante, ya que refleja experiencias reales de clientes reales. Cuando los compradores potenciales ven a sus pares usando un producto o compartiendo sus experiencias, es más probable que confíen en la marca y sientan una conexión con ella. Por ejemplo, marcas como GoPro y Coca-Cola han exhibido con éxito contenido creado por los clientes para resaltar las aplicaciones de la vida real y el disfrute de sus productos, generando así credibilidad y alentando a nuevos clientes a participar.

Para aprovechar eficazmente el UGC, las marcas deben crear una cultura de compartir alentando a los clientes a compartir sus experiencias en las redes sociales. Esto se puede lograr mediante varias estrategias, como hashtags de marca, concursos y desafíos. Por ejemplo, alentar a los clientes a compartir fotos de ellos mismos usando un producto con un hashtag específico puede generar una gran cantidad de contenido que las marcas pueden luego seleccionar y presentar. Este enfoque no sólo aumenta la visibilidad de la marca sino que también motiva a los clientes a participar activamente, creando un sentido de comunidad en torno a la marca.

Además, mostrar UGC en los canales de la marca puede mejorar significativamente el compromiso. Al compartir contenido creado por los clientes en sus perfiles de redes sociales o sitios web, las marcas pueden resaltar su comunidad y al mismo tiempo proporcionar pruebas sociales. Esto puede resultar particularmente eficaz para crear un sentido de pertenencia entre los clientes, ya que se ven representados en los mensajes de la marca. Marcas como Starbucks han integrado con éxito UGC en su marketing al presentar fotos de clientes en su cuenta de Instagram, lo que no solo aumenta el compromiso sino que también fomenta una conexión emocional más profunda con su audiencia.

Además de impulsar la participación, el UGC también puede mejorar las tasas de conversión. Es más probable que los consumidores tomen decisiones de compra basadas en recomendaciones de otros clientes que en la publicidad tradicional. Al integrar UGC en las estrategias de marketing, las marcas pueden crear una narrativa más convincente que muestre los beneficios y el atractivo de sus productos. Por ejemplo, las marcas de moda suelen compartir fotografías de clientes vistiendo sus prendas, creando una representación visual de cómo se pueden diseñar y usar los productos en la vida real. Esto no sólo proporciona inspiración a los compradores potenciales, sino que también genera confianza, ya que pueden ver a personas reales disfrutando de los productos.

Es esencial que las marcas gestionen y seleccionen activamente el UGC para garantizar que se alinee con su imagen y mensajes de marca. Esto implica monitorear los canales de redes sociales en busca de menciones y publicaciones etiquetadas, así como establecer pautas para el contenido aceptable. Al establecer expectativas claras sobre lo que constituye UGC apropiado, las marcas pueden mantener la coherencia y al mismo tiempo fomentar la creatividad. Además, obtener el permiso de los clientes antes de compartir su contenido puede mejorar aún más la lealtad a la marca, ya que los consumidores aprecian que se les reconozca por sus contribuciones.

La incorporación de UGC en las campañas de marketing también puede ayudar a las marcas a seguir siendo relevantes y receptivas a su audiencia. Al analizar los tipos de contenido que comparten los clientes, las marcas pueden obtener información valiosa sobre las preferencias y tendencias de los clientes. Esta información puede informar futuras estrategias de marketing, desarrollo de productos y creación de contenido, asegurando que las marcas permanezcan en sintonía con las necesidades y deseos de su audiencia. Por ejemplo, si un estilo o característica particular de un producto aparece constantemente en UGC, las marcas pueden aprovechar esa información para mejorar sus esfuerzos de marketing o presentar ofertas similares.

A medida que las marcas consideran aprovechar el UGC, también deben tener en cuenta los desafíos potenciales. Mantener el control de calidad y garantizar que el contenido compartido se alinee con los valores de la marca es crucial para evitar asociaciones negativas. Las marcas también deben estar preparadas para responder a las críticas o comentarios negativos dentro del UGC, ya que la transparencia y la capacidad de respuesta pueden convertir una situación potencialmente dañina en una oportunidad para generar confianza y demostrar compromiso con la satisfacción del cliente.

conccusión

Al concluir esta exploración del marketing en redes sociales en 2025, queda claro que el panorama está en continua evolución, moldeado por los avances tecnológicos, los cambios en los comportamientos de los consumidores y las plataformas emergentes. Las marcas que prosperarán en este entorno dinámico serán aquellas que se adapten rápidamente, adopten la innovación y fomenten conexiones auténticas con sus audiencias.

A lo largo de este libro electrónico, hemos profundizado en estrategias clave para construir una presencia sólida en las redes sociales, desde comprender las tendencias actuales hasta aprovechar el contenido generado por los usuarios e interactuar de manera efectiva con audiencias diversas. Los estudios de caso destacaron los éxitos de varias marcas, ilustrando el poder de la creatividad y la relevancia para captar la atención e impulsar el compromiso. Cada campaña sirve como testimonio de la importancia de alinear los esfuerzos de marketing con los valores y preferencias de los consumidores.

En los próximos años, la importancia de las redes sociales en las estrategias de marketing no hará más que aumentar. A medida que surgen nuevas plataformas y tecnologías, las marcas deben mantenerse informadas y ágiles, refinando continuamente sus enfoques para satisfacer las expectativas de una audiencia en constante cambio. Al centrarse en la personalización, la creación de comunidades y la narración auténtica, las marcas pueden posicionarse como líderes en sus respectivas industrias.

Además, a medida que afrontamos los desafíos de la privacidad y la seguridad de los datos, la transparencia y la confianza se convertirán en pilares esenciales del éxito del marketing en redes sociales. Las marcas que priorizan las prácticas éticas y entablan conversaciones significativas con sus clientes no sólo mejorarán su reputación sino que también fomentarán una lealtad duradera.

En resumen, la clave del éxito en el marketing de redes sociales radica en un enfoque proactivo que acepte el cambio sin dejar de basarse en los valores fundamentales de autenticidad y conexión. Al implementar los conocimientos y estrategias que se analizan en este libro electrónico, las marcas pueden navegar de manera efectiva por las complejidades del panorama digital y construir una comunidad sólida y comprometida que impulse el crecimiento sostenible.

A medida que avanza en su viaje de marketing en redes sociales, recuerde que cada publicación, cada interacción y cada campaña es una oportunidad para conectarse, participar e inspirar. El futuro del marketing en redes sociales es brillante para quienes estén dispuestos a innovar y adaptarse, y esperamos ver cómo las marcas darán forma a este apasionante panorama en 2025 y más allá.

www.ingramcontent.com/pod-product-compliance
Lightning Source LLC
Chambersburg PA
CBHW071002050326
40689CB00014B/3456